꿈 꾸 는 자 들 의 이 야 기

Dream!ng
2

기획 한주　**글** 한 주　강태호　신대영　고현철　김세령
　　　　　　　김기동　정상준　신동훈　박경용　박재희

가나북스

Dream!ng 2

2017년 12월 05일 초판 발행
지은이 한 주 외 9명
펴낸이 배수현
디자인 유재헌(본문), Doby(표지)
홍 보 배성령
제 작 송재호
펴낸곳 가나북스 www.gnbooks.co.kr
출판등록 제393-2009-12호
전 화 031-408-8811(代)
팩 스 031-501-8811
ISBN 979-11-86562-70-3(03190)

- 가격은 뒤 표지에 있습니다.
- 잘못된 책은 구입하신 곳에서 교환해 드립니다.
- 원고 투고 이메일: sh119man@naver.com

꿈꾸는자들의이야기

Dream!ng
2

목차

목차

인문학집필연구소, 한주서가에서 발행되는 4번째 공동저서
"Dream!ng 2"는 우리의 이야기이다. 우리네 삶은 각자 다른 곳에
서 다른 사람과 다른 환경에서 살아가지만, 기본적으로 동일성을
띠고 있기 때문에 공감대를 형성한다. 이 책을 집필한 10명의 작가
는 바로 당신의 이야기이다. 나와 비슷한 환경, 비슷한 꿈, 비슷한
상처와 슬픔을 가진 우리 모두의 이야기란 뜻이다. 우리의 이야기
를 통해 당신에게 꿈과 희망을 주고 싶고 위로가 되어 주고 싶다.
그리고 언젠가 당신의 이야기도 글을 통해, 책을 통해 누군가에게
꿈과 희망을 주고 위로가 되어주길 바란다. 우리의 삶이라는 시간
은 모두 그러기에 충분한 자격이 있고 가치가 있으니 말이다.

이렇게 4번째 공동저서 "Dream!ng 2"가 출간되기까지 많은 이
들의 도움이 있었다. 우선 내가 처음 책을 출간할 때부터 지금까
지 한결같은 마음으로 지지와 성원을 이어주고 계신 출판사 가나
북스 대표님과 그와 더불어 오랜 나의 파트너인 최나연 디자이너,

믿음직한 나의 글쓰기 동료 강태호 작가님에게 이 책을 빌려 감사하다는 마음을 전하고 싶다. 언젠가 반드시 좋은 책과 좋은 기획으로 이 감사함을 보답하고 싶다.

또한, 이 책에 참여한 모든 작가들에게도 수고했다는 말을 전하고 싶다. 어떤 내용은 책에 담기 힘든 내용도 있었을 텐데도 믿고 자신의 치부까지 드러내며 위로를 전하려 한 이들의 용기에 고개 숙여 감사드린다. 그들의 용기가 누군가에게 희망이 되길 바라며..

한주

- 자기계발 작가
- 글쓰기, 책 쓰기 강사

작가로 데뷔하자마자 6개월 만에 6권의 책을 베스트셀러에 올리면서 '괴물 작가'라는 별명이 붙었다. 현재는 자기계발 작가 협회장과 인문학집필연구소 한주서가의 대표를 맡고 있다.
또한, 국내 작가로는 찾아보기 힘든 철학적인 내용을 다루면서 인문학과 철학가로서의 면모도 뽐내고 있다.

지은 책으로 《이제 드림빌더로 거듭나라》, 《내 생애 꼭 하고 싶은 32가지》, 《두 달 안에 누구나 작가가 되는 책 쓰기 비법》, 《꿈꾸는 모든 것이 이루어진다》, 《내면의 비밀》, 《그래도 성공이다》, 《맹자의 인생수업》, 《그래서 성공이다》, 《압둘라와의 일주일》, 《크리스천을 위한 책쓰기 미션》, 《꿈꾸는 자들의 이야기 Dream!ng》, 《나를 PR하는 글쓰기》, 《나는 오늘 취업한다》, 《크리스천 인문학》, 《조선족 재발견》, 《글쓰기 인문학》, 《논술과 자소서》, 《조선의 재발견》 등 20여권이 있다.

E-Mail   saria129@naver.com
               writerplanner@naver.com

Blog   http://blog.naver.com/saria129
               http://blog.naver.com/writerplanner

한주서가 http://hanjubook.modoo.at

꿈꾸는자들의이야기
Dream!ng

1장

한주
Dream!ng

글로 널리 뜻을 펼치다, 한주서가

어릴 때부터 책이 좋았다. 용돈을 받는 것보다 문화상품권 받는 걸 더 좋아했다. 학교에서 누군가 문화상품권 5000원짜리를 4500원에 팔면 반드시 샀다. 그 어떤 선물보다 책을 선물받기 원했다.

그렇게 책을 좋아한 아이는 커서 결국 작가의 꿈을 이뤘다. 처음에는 그저 자신의 이야기를 책으로 담을 수 있는 것이 좋았다. 내가 얼마나 힘들었는지, 그 과정에서 무엇을 깨달았는지 말해주고 싶었다. 자신의 이야기를 담는 것이 끝나자 이제 내가 세상을 바라보는 관점, 세상에 대한 또 다른 생각을 할 수 있도록 하는 문제를 제시하고 싶었다. 그렇게 써온 책이 벌써 20여권이 넘어가고 있다.

글쓰기에 대해 배운 적이 없었다. 그저 내 생각을 최대한 글로 잘 정리하려 했을 뿐이었다. 그러나 서당 개 3년이면 풍월을 읊는다는 말처럼 출간되는 책의 권수가 늘어날수록 글쓰기도 점차 늘기 시작했다. 어느 새 초기에 출간한 책을 보면 부끄러워 책을 읽지도 못할 정도가 되었다. 어느 새 글쓰기에 자신이 생기기 시작한 것이다.

글에 대한 자신감이 붙자 글로 하는 모든 것을 접해보고 싶어졌다. 글로 하는 새로운 콘텐츠를 만들어보고 싶어졌다. 그래서 우선 다양한 장르의 책을 썼다. 자기계발서로 시작한 장르는 어느덧 인문, 소설, 종교, 철학, 에세이, 고전으로 이어져갔다. 그리고 이제 또 새로운 도전을 시작하고 있다.

강원국, 유시민 등 글쓰기라고 하면 대표적인 강사들이 있다. 허나 글이라고 하면 떠오르는 브랜드가 없다. 글과 연관된 곳이면 무조건 이곳이지 라고 떠올릴 수 있는 곳이 없다. 그래서 나는 다양한 장점을 가진 작가들을 모았다. 강사, 게임회사 대표, 여행 작가, 디자이너, 웹소설 작가, 드라마 작가, 동화작가, 외국어 강사, 기자 출신 마케팅 전문가 등 다양한 사람들을 모았다. 그리고 이들과 함께 '한주서가'를 만들었다.

한주서가는 글과 관련된 모든 것을 창작하고 교육하는 곳이다. 글쓰기, 책 쓰기, 스피치, 마케팅, 외국어 등 다양한 장르의 수업을 하고, 시나리오 작가, 책 작가, 동화 작가, 기자 등 다양한 작가를 양성한다. 또한 그들이 글로 먹고 살 수 있도록 하는 1인 기업가 과정을 통해 스스로를 PR할 수 있도록 마케팅을 교육시키고 지원한다.

이렇게 한주서가를 설립한데에는 나의 경험이 가장 큰 동기가 되었다. 나는 아무것도 모른 상태에서 그저 책을 쓰고 싶다는 마음 하나로 글을 썼다. 그러다보니 모든 부분에서 시행착오를 겪어야 했다. 어떻게 책을 써야 하는지, 계약은 어떻게 해야 하는지,

홍보는? 수입은? 모든 것을 제로에서부터 시작해야 했다. 그러다 보니 전업으로 글을 쓰고 싶어 하는 사람들의 고충을 너무나 잘 알고 있다. 처음에는 내가 할 수 있는 선에서 그저 그들을 도와주었다. 그러다가 점차 이러한 사람들, 즉 동료가 늘기 시작하자 아예 함께 갈 수 있는 울타리를 만들어야겠다고 생각한 것이다.

이것이 한주서가의 설립 이념이었다. 서로가 서로에게 선한 영향력을 행사하고 서로가 서로에게 피드백을 주어 다 함께 성장하고 성공하자는 취지로 말이다. 아직 아무것도 가지지 못한 인지도도 없는 나를 믿고 함께 해주는 이가 벌써 10명이 넘었다. 각자의 책을 기획하고 쓰며, 출간하면 서로가 서로를 응원해준다. 나 역시 이들이 있어 더 이상 혼자서 모든 것을 하려 하지 않는다. 각자가 갖고 있는 장점을 살려 새로운 책을 기획하고 출간할 수 있도록 돕고 있다. 또한, 자신이 할 수 있는 강의 영역을 구축해 강의를 진행할 수 있도록 돕고 있다.

사람은 사람으로 살아가는 법이다. 아무리 뛰어난 능력을 지닌 사람도 다른 누군가가 있기에 상대적으로 뛰어난 능력으로 빛나는 법이다. 혼자서는 아무것도 아닐 뿐이다.

나의 글도 누군가가 읽어주기에 빛난다. 누군가가 읽기에 가치를 가진다. 기록은 언젠가 그 기록을 볼 사람을 위한 것이다. 혼자 잘난 사람은 어디에도 없다. 뜻이 맞고 비전이 같다면 함께 하는 것이 효율적이다. 사람은 사람과 함께할 때 가치 있게 되는 것이다.

글은 나의 사상이나 신념을 그대로 담고 있다. 그렇기에 글은 내가 없는 어딘가의 누군가에게 나의 사상과 신념으로 어떠한 영향을 주고 있다. 그렇기에 글은 결코 가볍지 않다. 기록은 기록을 경신한다. 새로운 글은 새로운 위인을 탄생시킨다.

그래서 글로 새로운 콘텐츠를 만들고 싶다. 우리가 만드는 새로운 글의 콘텐츠가 누군가에게 선한 영향력을 끼쳐 새로운 위인을 발굴하는데 일조하고 싶다. 그렇게 작게는 그룹에서 크게는 세계에 영향력을 끼치고 싶다.

글이라고 하면 바로 '한주서가'란 이름이 떠오를 그 날까지 한주서가는 또 새로운 것을 발견하고 나아가고 있을 것이다. 글로써 새로운 콘텐츠를 기획하고 발명하고 있을 것이다. 새로운 사람과 새로운 인재들과 함께 말이다.

쓰면 이루어진다는 말처럼 우리가 이루고 싶은 것들을 계속해서 써나가다 보면 언젠가 우리 모두의 꿈이 이루어져 있을 것이다. 그렇게 믿으며 오늘도 글을 쓰고, 새로운 무언가를 기획한다. 우리처럼 순수한 욕심쟁이가 있다면, 글로 세상을 뒤흔들 꿈과 기획이 있다면 누구나 한주서가의 문을 두드려주길 바란다.

최근 개인저서 코칭을 해주고 있는 분을 인터뷰를 해보다보니 이런 단어가 떠올랐다.

"욜로 플래너"

자신의 꿈을 이루고 위한 플랜을 짜고, 그 플랜을 성실히 이행하기 위해 하루하루를 욜로로 살아가는 사람이었다. 그렇게 하루하루를 욜로답게, 욜로스럽게 최선을 다해 즐기면서 살아가며 차근차근 자신의 꿈을 이뤄나가는 모습이 너무나 멋있게 보였다. 인터뷰를 하면서 팬이 되어버린 것이다.

우리 모두가 그처럼 욜로 플래너로 살아갔으면 한다. 각자의 내비게이션에 설정해놓은 언젠가 닿을 꿈이라는 목적지에 가기 위해 지금 눈앞에 있는 100m, 100m를 욜로스럽게 최선을 다해 즐기며 살아가자. 대책없이 즐기는 욜로보다는 욜로 플래너다운 삶이 진정 멋진 삶일 테니 말이다.

책 한 권의 힘!

최근 출간한 책 가운데 '조선의 재발견'이란 책이 있다. 지금의 복지가 몇 백 년 전의 조선보다도 못한 느낌이 들어 기획하게 된 책이었다.

나는 역사 자체를 좋아하고 관심 있어 하지만, 그 중에서도 '조선' 역사에 큰 관심이 많다. 그건 조선 건국 자체가 한 권의 책에서부터 시작됐기 때문이다.

조선 건국에 가장 큰 대립을 세웠던 인물은 정몽주와 정도전이었다. 이 둘의 같은 스승 밑에서 동문한 사형지간이었다. 더욱이 이 둘은 서로가 서로를 존중하고 존경하는 둘도 없는 사형지간이었다. 그런 이들이 조선 건국을 두고 첨예한 각을 세우게 됐고 결국 선죽교에서 정몽주는 피살당하고 만다.

이 둘의 운명을 가른 것은 책 한 권에서였다. 고려 말, 정도전이 유배를 가게 됐는데 이 때 정몽주는 정도전에게 책 한 권을 선물했다. 유배 가 있는 동안 이 책이나 한 번 보라며 위로삼아 넘겨준 책이었다. 정도전은 자신이 존경하는 사형이 준 책인 만큼 유배지에서 이 책을 읽고 또 읽었다. 그리고 정몽주가 준 그 책에 큰 영감을 받게 되어 고려를 멸하고 조선이라는 새로운 나라를 세우겠다고 다짐하게 된다. 자신에게 이 책을 준 정몽주 역시 자신을 지지해줄 것이라고 굳게 믿으며 말이다.

허나 정도전의 기대와는 달리 정몽주는 조선이라는 나라 건국에 가장 심하게 반대하는 이로 나섰고, 결국 그 둘은 각자 다른 결과를 낳게 되었다.

정도전이 유배를 갈 때 정몽주가 선물한 책은 과연 무엇이었을까? 그 책은 바로 '맹자'였다.

'맹자'는 공자의 인, 의, 예, 지 사상에 영향을 받아 출간한 맹자의 가르침을 담은 책이다. 대부분 맹자가 단순히 공자의 제자라고만 알고 있는데, 실제로 맹자는 공자를 만난 적이 없다. 맹자의 스승은 공자의 손자였다. 맹자는 공자의 가르침을 받았을 뿐, 공자를 실제로 만난 적은 없었다.

맹자는 공자가 강조한 '인'에서 한 가지를 더 강조했다. 바로 '의'였다. '의'는 정의를 뜻하는 말로 가르치고 혼내도 달라지지 않는다면 '정의'로 처단하고 바꿔야 한다고 가르쳤다. 정도전은 바로 이 '의'에 크게 영감을 받게 되었고, 이미 썩을 때로 썩은 고려는 틀렸으니 고려를 멸하고 새로운 나라인 '조선'을 세워야 한다고 생각한 것이다.

그렇게 정몽주, 정도전은 '맹자'라는 책 한 권으로 인해 서로의 운명이 갈린 것이다.

책 한 권은 한 나라를 멸하고 새로운 나라를 세우게 한다. 또한 전 세계 사람들에게 영향을 끼치기도 한다.

영국에 기초수급자인 싱글맘이 있었다. 그녀의 삶은 우울했다. 일찍 부모를 여의고, 결혼 생활에도 실패해 가난에 허덕이며 혼자 자녀를 키워야 했다. 그러나 그녀는 자신의 꿈을 포기하고 싶지 않았다. 집 근처에 있는 The elephant house라는 카페에 앉아 무료 커피를 리필해가며 하루 종일 글을 썼다. 세상 누구도 그녀가 성공할 것이라는 생각은 하지 못했다.

허나 몇 년 뒤, 그녀가 쓴 작품은 전 세계를 가장 뜨겁게 달구며 그녀는 세계적으로 가장 성공한 여성 작가가 된다. 또한 그녀의 작품은 4억 5000만부 이상의 판매고를 올리며 그녀는 하루아침에 억만장자의 대열에 올라서게 되었다.

전 세계의 많은 아이들은 그녀의 작품 '해리포터'를 통해 꿈과 희망을 품고 있으며, 해리포터와 연관된 많은 작품과 사업은 지금도 계속해서 나오고 있다.

나 역시 책 한 권에 인생이 바뀌게 된 사람 중 한 명이다.

나는 5살부터 투병생활을 했다. 단순한 아토피로 시작한 투병생활은 스테로이드의 과다 복용으로 인한 부작용으로 온갖 합병증에 시달리게 했다. 중학교 무렵에는 집이나 학교보다 병원에 있는 시간이 더 많을 정도로 심해졌다.

나를 힘들게 하는 건 병마만이 아니었다. 많은 관련 종사자들은 돈 벌이를 위해 우리 가족을 유혹했고, 수십, 수백만 원에 해당하는 약을 팔고는 잠수를 타기 일쑤였다. 사춘기 무렵 이런 과정을 겪게 되자 사람에 대한 신뢰를 잃기 시작했고 생각은 점차 부정적인 방향으로만 흘러가고 있었다. 결국 부모님이 보는 데서 손목을 긋기도 하는 등 삶에 대한 비관은 극으로 치닫고만 있었다.

답을 찾고 싶었다. 왜 내가 이런 삶을 살아야 하는지, 나는 왜 태어난 건지, 무엇을 해야 하는 건지... 아무리 질문을 던져 봐도 속 시원히 답해주는 사람도, 종교도 없었다.

그러던 중 우연히 만난 책이 있었다. 그 책의 주인공은 나처럼 불행했다. 세상을 향해 따졌고, 신의 존재에게 욕설을 퍼부었다. 그런데 갑자기 신이라는 존재가 그의 불평 섞인 질문에 답을 하기 시작했고, 그는 그 모든 기록을 책으로 남겼다.

그 책에서 던진 작가의 질문은 내가 품고 있던 질문이었고, 책에서 답한 신이라는 존재의 답은 지금까지 듣도 보도 못한 영역의 답변이었다. 그리고 그 답은 내가 가야할 길의 해답을 제시한 듯이 지금까지의 갈증을 해소해주었다.

그 책은 바로 '신과 나눈 이야기'였다.

그 이후 나의 삶은 180도로 바뀌었다. 모든 것을 긍정적으로 바라볼 수 있었고, 꿈을 찾아 달려갈 수 있게 되었다. 그리고 지금 이렇게 나 역시 누군가의 갈증을 풀어줄 수 있는 작가의 길을 향해 나아가고 있다.

　책은 많은 것을 바꿀 수 있다. 한 손으로 잡히는 작은 그 물건 하나가 누군가의 인생을 바꾸고, 나라를 바꾸고, 세상을 바꿀 수도 있다. 그것은 책이 단순한 기록물이 아니라, 누군가의 신념이자 사상이기 때문이다. 그 신념, 사상은 소리 없이 사라져버리기도 하지만, 때론 큰 울림으로 작용해 세계를 바꾸기도 하는 것이다.

　지금 이 글을 쓰면서도 기도하는 작은 바람은 이 책을 손에 든 당신도 이 작은 책에서부터 무언가 바뀌어 지고 성장할 수 있었으면 하는 것이다. 또한, 지금 이 책이 아니더라도 책을 늘 가까이하며 언젠가 자신을 가장 크게 성장시키는 책 한 권을 꼭 만날 수 있기를 바랄 뿐이다.

　책은 시간과 장소를 초월하여 만나고 소통할 수 있는 가장 위대한 발명이자 선물이다. 그리고 언젠가 당신 역시 당신의 시간을 책에 담아 언제 어딘가의 누군가에게 위대한 선물을 전해줄 수 있기를 바란다. 누군가의 시간은 모두 누군가에게 영향을 주기 마련이니 말이다.

나의 말이 나를 만든다

"아, 짜증나!"

축하합니다. 짜증날 일을 예약하셨습니다.

"괜찮아, 더 좋은 일이 있겠지!?"

축하합니다. 더 좋은 일을 예약하셨습니다.

아침에 눈을 떠 그 날 밤 다시 잠에 들기 전까지 당신은 어떤 말을 하고 있는가?

대부분의 사람들은 많든 적든 하루 동안 말을 하고, 또 말을 들으며 지내고 있다. 전 세계 사람들이 각기 다른 언어지만 말을 하고, 말을 들으며 하루를 보낸다. 이처럼 말은 일상생활에서 빼놓을 수 없으며 너무나 익숙하고 자연스럽게 우리가 인식하지 못한 상태에서 늘 하고 있는 행위들 중 하나이다.

허나 그렇기에 말의 중요성을 잊고 산다. 우리가 하는 말들이 얼마나 중요한 역할을 하고 있는지에 대해 제대로 인지하지 못하고 있는 경우가 많다는 것이다. 그렇게 평소 자신이 어떤 말들을 하고 있는지에 대해서는 전혀 인지하고 있지 못하면서 자신에게 일어나는 일들이 그저 우연히 일어난 일들을 운 좋은, 혹은 운 나쁜 일들로 치부해버리는 경우가 많은데 당신에게 일어나는 일들은 결코 우연이 아니다.

자신에게 일어나는 모든 일들은 사소하든 중요하든 모두 자신이 평소 한 말들에게서 비롯되는 것이다. 평소 자신에게 소소한 불운이 잦게 일어나고 있다면 평소 자신이 어떤 말들을 자주 하고 있는지 되돌아봐야 한다. 다른 사람에 대한 험담이든 칭찬이든, 어떤 것에 대한 악평이든 호평이든 자신의 입에서 나온 말들은 모두가 자신에게 일어날 일이란 걸 깨달아야 한다는 것이다.

사람들은 대부분 말은 타인에게 전하는 것이라고 여기지만 사실 자신의 입에서 나오는 말은 모두 자기 자신에게 하는 말이다.

사토 도미오의 '기적의 말버릇'에 보면 언어에는 '내언어內言語'와 '외언어外言語'가 있다고 한다. '내언어'는 자신의 마음속에서 사용하는 언어, 즉 소리 내지 않는 언어이고 '외언어'는 다른 사람과의 의사소통 등에 사용하는 언어, 즉 소리 내서 말하는 언어를 뜻한다. 우리가 자신의 생각을 말로 표현하고자 할 때 먼저 주목해야 할 것은 '외언어'인데 당신이 소리 내서 말할 때 그 말은 눈앞에 있는 상대에게만 전달되는 것이 아니다. 오히려 자기 자신에게 더 많이 전해진다. 소리 내서 말을 할 때 우리 뇌는 최고의 상태가 된다고 한다.

사람이 말을 할 때는 입을 열고 성대에 공기가 들어가고 나오면서 진동으로 인해 소리가 나오게 되고 그 소리가 언어의 형태로 나오게 된다. 말을 할 때는 언제나 입에서 뿜어지듯 나오며 말은 거리의 한계가 있어 거리가 멀면 멀수록 전달력이 떨어지게 된다. 다시 말하자면 가까우면 가까울수록 잘 들리고 쉽게 전달할 수 있고, 거리가 멀면 멀수록 말로 전달하기가 어려워진다는 것이다.

이렇게 말은 거리에 가장 큰 영향을 받으며 여기서 가장 중요한 것은 말을 할 때 그 말에 가장 가까이 있는 사람은 언제나 타인이 아닌 바로 자신이라는 점이다. 아무리 타인이 가까이에 있다 하더라도 성대의 진동이 울리는 그 순간부터 그리고 그 진동이 소리로 입 밖으로 나오는 순간까지 언제나 틀림없이 누구보다 그 소리에 가장 가까이 있는 사람은 바로 자신일 수밖에 없다. 그렇기 때문에 언제나 말은 자신에게 가장 큰 영향을 끼치게 된다. 당신이 그 어떤 말을 하든지 그 말은 타인이 아닌 자신에게 가장 많이 전달된다는 것이다.

이것을 이해하고 나서 제일 먼저 생각해봐야 할 것은 평소 자신이 어떤 말을 제일 많이 쓰느냐는 것이다. 평소 남의 험담을 많이 하고 있었다면 남을 비방하며 했던 그 말들이 사실 자신에게 일어나도록 한 것이었고, 부정적인 성향의 말을 많이 해왔다면 그 역시 자신에게 부정적인 일들을 끌어오도록 스스로 초래한 것이나 마찬가지인 것이란 것을 깨달아야 한다.

"자신이 성공하기 위한 가장 빠른 지름길은 남의 성공을 돕는 일이다."라는 말도 앞서 말한 말의 영향력과 일맥상통하는 부분이 있다는 것을 알 수 있을 것이다. 자신에게 좋은 일이 일어나게 하는 가장 좋은 방법 역시 자신의 입으로 상대방의 행운을 비는 일이 아니겠는가?

스스로를 돌이켜보고 평소 부정적인 말을 많이 했다면 지금이라도 긍정적인 말을 하는 습관을 들이도록 노력해야 한다. 평소 남의 험담을 많이 하는 편이었다면 이제라도 남의 단점보다는 장점을 칭찬하도록 의도적으로 노력해야 하는 것이다. 사소해 보이는 이런 말의 습관이 당신의 인생 전체를 바꾸어 줄 수 있음을 깨달아야 한다.

영어권의 사람들은 아침부터 잠에 들 때까지 늘 "좋다(Good)"라는 말을 쓰고 있다.

"Good morning"
"Have a Good day"
"Good afternoon"
"Good evening"
"Good night"

습관적으로 언제나 긍정적인 표현의 말을 쓰고 있는 것이다. 하지만 평소 우리의 입버릇은 어떠한가? 매번 말끝마다 "죽겠다"란 표현을 쓰고 있다.

"힘들어 죽겠다"
"졸려 죽겠다"
"피곤해 죽겠다"
"배고파 죽겠다"
"배불러 죽겠다"

심지어는 "좋아 죽겠다"라는 말까지 쓰고 있다. 우리나라 사람들의 스트레스 지수가 선진국에 비해 높게 나오는 것과 이것이 과연 전혀 무관한 것일까?

고대 인도에서는 '만트라'라고 하여 무언가를 만 번 말했을 때 그것은 형태로 이루어진다고 한다. 또 일본에서는 '고토다마'라고 하여 말을 하는 것 자체에 세상을 변화시키는 힘이 있다고 믿으며 말하는 것에 대한 중요성을 가르치고 있다. 그게 무엇이든 어떤 것이든 반복적으로 말하게 되면 그것은 반드시 현실로 일어나게 되어있다. 말에는 그런 창조적인 힘이 분명히 담겨져 있다.

성경에서도 이것에 대한 가르침을 찾아 볼 수 있는데 마태복음

10장 12절에서 13절을 보면 이런 구절이 나와 있다.

"집에 들어가면 그 집에 평화를 빈다고 인사하여라. 그 집이 평화를 누리기에 마땅하면 너희의 평화가 그 집에 내리고, 마땅하지 않으면 그 평화가 너희에게 돌아올 것이다."

– 마태 10,12-13 –

말에는 분명 무언가를 창조해내는 마법 같은 힘이 숨겨져 있다. 오랜 시간 많은 사람들이 다양한 방법으로 말의 중요성을 전달해왔다. 그리고 현 시대에도 자타공인 성공한 사람들이라 일컫는 대부분의 사람들은 이것을 알고 있다. 몇 년 전 세계 최고의 축구 스타인 크리스티아누 호날두 선수가 TV에 나와 재밌는 자신의 일화를 얘기한 적이 있다.

"재밌는 이야기를 하나 해줄게요. 제가 스포르팅에 있을 때 유소년 팀에서 교육을 받는데 제가 잘못한 적이 있었어요. 그래서 벌로 쓰레기통을 비워야 했는데 쓰레기를 비우러 가는 길 중간에 애들이 쉬는 공간이 있었어요. 그런데 그 쓰레기 수레에 누군가가 '페라리'라고 낙서를 해놨었어요. 제가 사고를 쳐서 수레에 쓰레기를 싣고 지나갈 때마다 애들은 '부릉 부릉'하면서 저를 놀렸죠. 아직 어릴 때라 그게 너무 짜증이 났었죠.

하루는 쓰레기가 너무 많아서 친구 보고 도와달라고 해서 실어

놓고 비우러 가는데 아니라 다를까 애들이 '부릉 부릉, 야 페라리 지나간다.'라고 소리치며 놀려댔죠. 근데 그 애들 중에 저와 사이가 안 좋았던 양아치 녀석 둘이 있었어요. 그래서 제가 그 녀석들한테 제가 소리를 질렀어요. '계속 짖어라, 나는 언젠가 진짜 페라리를 탈고 말거니까'라고 말이죠."

그리고 호날두 선수는 자신의 차를 가리키며 이렇게 말했다.

"이게 그 결과입니다."

말에는 창조적인 힘이 있다. 당신이 이것을 인정하든 그러지 않든 이것은 분명히 작용하고 있다. 당신이 어떤 말을 쓰고 있든지 말이다. 다른 사람이 당신에게 어떤 말을 하는 지에는 관심두지 마라. 언제나 가장 중요한 건 당신의 입에서 나오는 말이다. 오직 그것만이 당신에게 영향을 끼친다.

세계적인 자동차 제작 회사인 포드(Ford)사의 창설자로 자동차 왕이라 불린 헨리 포드(Henry Ford)는 말의 중요성에 대해 잘 알고 있었음이 틀림없다. 그는 살아생전에 수많은 명언을 남겼는데 그 중 이런 말을 한 적이 있기 때문이다.

"당신은 할 수 있다, 혹은 할 수 없다고 말합니다. 이 두 가지의 말은 모두 옳습니다."

자, 이제 당신은 어떤 말을 할 것인가?

나는 네 여자를 사랑한다

나는 네 여자를 사랑한다는 말에 불륜을 생각하고 이 글을 읽고 있는 지는 아닌지 모르겠다. 실망시켜서 미안하지만 여기서 네 여자는 너의 여자가 아니라, 4명의 여자를 뜻한다.

나에게는 4명의 소중한 여인이 있다. 지금의 내가 있기까지 단 한 명도 없어서는 안 될 소중한 4명의 여인이다. 이 책을 통해 그 네 여자에게 감사의 말을 전하고 싶다.

엄마

그 첫 번째 주인공은 바로 엄마다. '엄마'라는 이름은 누구에게나 큰 울림으로 다가온다. 그리고 나에게도 그 울림은 특별하게 울려온다.

나는 태어나는 순간부터 엄마를 힘들게 만들었는데, 엄마는 나를 낳고 하혈이 심해 죽을 고비를 넘겼다고 했다. 또한 아기 때에도 엄마 외에 누구에게도 가지 않았다고 한다. 잠시라도 엄마 등에서 떨어지면 죽을 듯이 울어대 엄마는 하루 종일 나를 업고 안고 있어야 했고, 심지어 잠을 잘 때도 눕히기만 하면 울어대는 통에 나를 업고 무릎을 꿇고 주무셨다고 한다.

또한, 5살 때부터 투병생활을 시작하며 나의 병수발에 평생을 바치셨다. 전국적으로 좋다는 곳은 안가본데가 없었고, 그 과정에서 수많은 좌절과 고통을 함께 나눴다. 엄마는 피비린내가 뭔지 잘 안다고 말씀하시곤 하는데 매일 아침 내 방문을 열면 이불과 벽에 묻은 피고름으로 인해 피비린내가 진동을 했다고 한다.

그럼에도 엄마는 나를 포기하지 않았다. 용기를 주고 희망을 주고 웃음을 주었다. 덕분에 오랜 투병 생활에서도 나 역시 밝은 성격을 유지할 수 있었던 것이라 생각한다. 또한 지금 내가 작가가 되어 사람들에게 희망을 줄 수 있는 사람으로 살아갈 수 있게 된 것이라 생각한다.

지금도 한 번씩 중학교 무렵 걷지 못해 엄마에게 업혀 다니던 때의 꿈을 꾸곤 한다. 그럴 때면 항상 울면서 잠을 깬다. 고맙고 미안한 그 등의 온기와 냄새를 잊지 못하고 있는 것이다.

긴 시간 항상 내 곁을 지켜준 나의 첫 번째 여인, 엄마.

누구에게나 엄마는 특별하고 소중하겠지만 나 역시 엄마는 언제나 너무나 특별한 소중함으로 남아있다. 지금도 항상 나를 걱정하고 격려해주는 엄마에게 이 책을 빌려 감사하고 사랑한다고 말해주고 싶다.

장모님

　내게 소중한 네 여인 중 그 두 번째 주인공은 바로 장모님이다. 장모님은 내게 있어 또 다른 엄마라는 이름이 아깝지 않다. 장모님 건강하지도, 직업적으로 자리 잡지도 못한 나를 받아준 고마운 사람이다. 와이프와 오랜 시간 연애를 하다가 갑자기 결혼이 하고 싶어 무작정 찾아뵙고 결혼허락을 해달라고 했다. 지하 다방에서 만나 2시간 정도 얘기를 나눈 끝에 장모님은 결국 허락을 해주셨다. 지금 생각해보면 뭐 하나 내세울 것 없는 나에게 어떻게 소중한 딸을 허락해주셨는지 의문이 들 정도로 나는 가진 것이 없었다. 당시 장모님은 이렇게 말씀하셨다.

　"나는 내 딸에게 고맙네. 자네의 외모나 외향적인 것이 아닌, 오로지 자네의 내면과 비전을 보고 자네를 선택해준 현명한 내 딸에게 나는 고맙네."

　장모님은 지금도 엄마처럼 편하고 고마운 존재다. 지금 내가 글을 쓰는 직업을 선택하기까지 가장 큰 지원군이 되어준 건 장모님이셨다. 지금 아무것도 해낸 성과가 없어도 늘 나의 재능을 믿어주고 응원해주셨던 것이다. 또한 지금까지도 건강하지 못한 사위를 위해 매달 약을 지어 보내주시고, 좋다는 건 무엇이든 해주려고 하신다. 그런 장모님이시기에 나 역시 지금도 고민이나 무슨 일이 있을 때면 장모님과 많이 상의하며 조언을 얻고 있다.

　내게 또 다른 엄마의 사랑을 알게 해준 장모님에게 이 책을 빌려 감사하고 사랑한다는 말을 전하고 싶다.

아내

내게 아내는 가장 소중한 사람이자 가까운 친구다. 결혼한 지 6
년, 이제 7년을 향해가고 있지만 지금도 우리 부부는 각자의 일하
는 시간을 제하고는 늘 붙어 다닌다. 같은 취미를 공유하고, 생각
과 비전을 공유한다. 물론 붙어 있으면 하루에 열두 번도 더 투닥
거리지만 우리는 늘 서로를 의지하고 믿고 있다.

아내와는 결혼하기 전부터 오랜 시간을 알아왔고 연애를 해왔
다. 하지만 결혼하고 나서 나의 사업 실패로 인해 우리는 신혼을
힘든 시간으로 채워야 했다. 아내는 지치고 힘들어했지만 꿋꿋이
버텨주었다. 자신의 자리에서 최선을 다해 함께 그 길을 걸어와
줬다. 내가 잘못하고 제 길을 찾지 못해 방황할 때에도 내 손을 잡
아주었다.

그렇게 못난 나를 언제나 이끌어주었고 성장시켜주었다. 지금의
나는 아내가 있기에 비로소 존재할 수 있게 된 것이나 다름없다.

내게 작은 기쁨이라도 생겼을 때 가장 떠오르는 사람, 가장 먼
저 이 기쁨을 공유하고 싶은 사람, 내게 아내는 그런 사람이다. 아
내에게 이 책을 빌려 사랑하고 사랑하고 사랑한다고 말하고 싶다.

딸

마지막 네 여자의 주인공은 바로 나의 보물, 딸 주아다. 주아가 태어나서 얼마 지나지 않아 친구는 내게 이런 말을 했다.

"네가 한 일 중에 가장 잘한 일 같다."

동감한다. 주아는 내게 있어, 우리 부부에게 있어 가장 큰 선물이자 보물이다. 세상에 그런 딸 또 없습니다 라고 말하고 싶을 만큼 주아는 부모의 마음을 헤아려주고 사랑해주는 딸이다. 욕심 한 번, 투정 한 번 잘 부리지 않고 우리가 자신을 사랑해주는 것에 감사해하며, 자신 역시 언제나 사랑을 나누어주려 하는 기특하고 착한 아이다.

주아가 태어나고 이름을 지어줄 때, 단비 주(澍)와 예쁠 아(娥)를 써 사람들에게 단비 같은 존재가 되길 바라는 마음으로 지어주었다. 그런데 지금 주아는 그 이름 그대로 사람들에게 크고 작은 사랑을 전해주는 아이로 커주고 있다.

주아야, 건강하게 늘 웃음으로, 사랑으로 가득 찬 아이로 커줘서 고맙다. 아빠 엄마는 항상 네 편에서 너의 행복을 빌어주고 응원할게. 항상 사랑으로 가득한 사람으로 커주길 바란다. 고맙고 사랑해.

내게는 이렇게 네 여자가 있다. 이 네 여자가 있기에 나는 항상 든든하고 행복하다. 이 네 여자가 내 곁을 지켜주는 한 나는 두려울 것이 없고, 부족한 것이 없다. 그럼에 감사하고 또 감사할 따름이다.

그리고 이 네 여자를 행복하게 해주기 위해 나는 오늘 또 노력하고 달린다. 그녀들의 미소를 지켜나갈 수 있도록 말이다.

강태호

- 자기계발 작가
- 여행 작가, 글쓰기 강사

인문학집필연구소 한주서가 대표 작가이다. 제10회 해양문학상에 입상하며 본격적인 작품 활동을 시작했다. 입상작인 중편소설 〈바다 몬스터〉는 문장 아래 문장을 숨겨놓았다며 호평을 받았다. 저서로는 《천 만 영화 속 부산을 걷는다》가 있으며 기획출판, 첨삭, 글쓰기 강의 등으로 '글'의 매력을 알리는데 힘을 쏟고 있다. 또한 관광, 인권, 문화제 등 공기관에서 주관하는 SNS 기자단에 참여하며 사회 현상을 이해하고자 노력 중이다. 망각된 역사를 알리려는 의지가 강해 인문학적으로 어떤 해석을 풀어낼지 앞으로가 기대된 작가이다.

E-Mail myhome14@naver.com,
empkth@hanmail.net
Blog http://blog.naver.com/myhome14

꿈 꾸 는 자 들 의 이 야 기
Dream!ng 2

2장

강태호
Dream!ng

불장난1

....

"천원입니다. ○○핸드폰이 천원이에요!"

2008년 봄, 천원을 몇 번이나 외쳤는지 모르겠다. 경기도 시흥에 있는 한 통신사에 입사했고 그해 여름 핸드폰과 결혼했었다. 전역한 지 얼마 되지 않아 머리가 짧았고, 세상에 불만이 가득해 뾰로통한 표정을 짓고 다녔다. 이런 내가 마음에 안 들었는지, 팀장은 첫 번째 임무로 지우개 팔기를 건넸다. 열 명이 넘는 동료 앞에서 지목된 사람에게 지우개를 팔아야 했다. 100원짜리 물건을 천원의 가치가 느껴지게끔 하는 게 목적인데 결과는 이미 예상한 대로다.

같이 들어 온 친구는 일주일이 되기 전에 축포를 터트렸다. 계약서에 사인하는 건 누가 도와줄 수 있어도 사람을 앉히는 건 스스로 할 일이다. 지나가는 사람 잡고 몇 마디 나눠 매장 안으로 끌고 오기. 팀장이 우리에게 바라는 일이자 유일한 숙제였다. 비교도 당했지만 끝까지 해야 했다. 부산에서 경기도로 왔는데 한 달도 안 돼 돌아갈 순 없었다. 며칠 동안 지우개를 팔다 지칠 때쯤 누군가 내게 다가왔다. 하나 구입하고 싶다는 말에 얼굴에선 스팀

이 스멀스멀 올라왔고, 긴장한 나머지 말을 더듬으며 헛소리도 해 댔다. 꿈은 이루어진다고 했던가. 그녀는 내 인생의 첫 번째 고객 이 됐다.

군대에서 한 친구를 만났다. 이름은 이OO. 동기였지만 말년 병 장에게 예쁨 받으며 잡일은 하나도 손대지 않던 녀석이다. 눈엣가 시란 말이 다른 소대였던 내 귀에 들릴 정도로 평판이 좋지 않았 다. 보호막이 위병소 밖으로 나가니 외톨이가 된 친구. 기가 세니 욕도 많이 먹었고, 무시도 당했었다.

상병이 꺾인 뒤 목소리가 들린다는 이유로 가까워졌다. 누구 목 소리냐면 마음속에 숨죽이던 친구의 소리였다. 속마음. 아니 나도 모르는 내 마음이다. 철학자들은 흔히 '침묵의 음성'이라 표현하 던데 글쎄다. 믿거나 말거나지만 여하튼 다른 사람의 생각을 읽을 줄 아는 친구였다. 꼼꼼하게 하나씩 들춰보니 사실이었다. 검증을 수없이 했다. 호기심이 가득한 내 성격상 가까워지는 건 자연스러 웠고, 중대원들은 왜 우리가 붙어다지는지 궁금해 할 정도였다.

그가 말한 성공은 단순했다. 포장마차에서 삼겹살 꼬치를 팔자 는 것. 삼겹살을 길거리에서 먹을 수 있다는 사실이 기발했었다. 전역하기 전 모두 불가능을 외쳤지만 가능하다고 손을 든 사람이 있었다. 바로 나. 우리는 위병소를 빠져나가면 곧바로 해야 할 일 을 정리했고, 그 재미로 나날을 보냈었다. 덕분에 부천까지 따라 갔다.

23살, 인생의 첫 번째 불장난이었다. 전역을 하고서 한 달 뒤, 부천행 버스에 몸을 실었다. 친구 따라 강남 가는 성격이 아님에도 무작정 집을 나왔다. 성공. 일곱 달 동안 그와 나눴던 이야기를 실천에 옮기기로 결심했다. 주변에선 갑자기 왜 그곳에 가냐며 이유를 물었지만 제대로 답하지 못했다. 내 말을 믿을 수도 없고 믿어서도 안 되는 상황이니 말이다.

노점을 하려면 돈을 모아야 했고, 그렇게 시작한 일이 핸드폰 판매사였다. 성격상 맞지 않았지만 함께 무엇인가를 이루고자 세게 부딪쳤다. 한 번에 치고나가는 친구와 달리 꾸준하게 단계를 밟아가는 모습이 보기 좋았는지 팀장은 내게 매장 열쇠를 맡겼다. 영업은 실적인데 결과가 없어도 뭐라 하지 않았다. 실적이 왜 이 모양이냐며 한 소리 듣는 사람이 있는 반면, 조용히 지나가는 사람도 있는데 바로 나였다. 창피하고 미안한 마음 다 말할 수 없어, 꼭 결과로 보답하리라는 생각만 커져갔다.

그럼에도 인간의 간사함 때문인지 석 달이 지나 잠시 외도를 했다. 일이 손에 익자 판매는 제법 됐는데 급여가 마음에 들지 않았다. 친구는 내가 판 대수보다 두 배나 많았지만 이백 만이 안 되니 그만 두기로 결론을 냈다. 회사 직영이라 인센티브도 정책을 따를 수밖에 없었다. 첫술에 배부를 순 없지만 매장을 직접 소유하지 않는 이상 부를 축적하기 어려운 시스템이었다. 단기간에 자금을 모으는 게 급선무니 망설이지 않았다.

출근 시간 오후 다섯 시. 두 번째로 선택한 일은 나비넥타이를 맨 웨이터였다. 최단기간에 목표 자금을 벌 수 있는 일이라 생각했기에 어떻게든 해야 했다. 물론 친구의 독심술(?) 때문에 쉽게 구했다. 각각 하나씩, 낮에 자고 밤에 일하는 사람들의 모임에 들어가게 된 셈이다. 룸살롱. 그곳에서 두 달 동안 가면 쓴 사람만 만났다. 웃으면서 우는 척 하는 사람, 화내면서 기뻐하는 사람, 배고프다 하면서 배부른 사람까지 거짓말 천국이었다.

가장 어려웠던 건 술 취한 사람을 상대하는 일이었다. 친구끼리 고깃집에서 소주 먹는 수준이 아니다. 한턱 낼 때 지갑에서 5만, 10만은 쉽게 나오지만 100만, 200만은 감추기 일쑤다. 넥타이 맸다고 모두 사장은 아니지 않는가. 명품 티 나는 장소지만 서민들도 가끔 즐기러 온다. 실컷 잘 놀다 한눈 판 사이에 도망가는 사람도 제법 있다. 결국 울며 겨자 먹기로 꾸역꾸역 내지만, 그때의 표정은 무엇을 씹었는지 모를 정도다. 멱살을 잡고 욕하거나 한 번만 봐달라는 꾼도 있다. 이곳에선 어림없는 소리다. 반값도 안 되냐는 요청에 관리인을 부르겠다고 하면 깨갱거리고서 3개월 할부를 선택한다. 어깨대장에게 두드려 맞긴 싫었나 보다.

이상한 건 돈을 모으지 못했다는 사실이다. 주점마다 시스템은 달라도 보통 적은 기본 급여에 팁을 나눠가지는 방식이다. 팁이 유일한 수입이므로 목숨 걸고 받아 내야 한다. 가게 아가씨가 챙겨주는 경우도 있지만 돈 한 푼 안내는 사장님도 있다. 노래를 부르든, 춤을 추든 당장의 수입이 급급하니 무엇인들 못할까. 노력이 가상하다며 몇 만원 쥐어 줄 때 정말 기쁘다. 목표가 없었다면 불가능한 일이었다. 야속하게도 녀석들은 발이 달렸는지 다음 날 아침이면 사라져버리고 만다. 인사도 없이 가버린 파란 배추들. 술값 내지 않고 도망가는 사람과 다를 바 없었다.

"눈치가 그렇게 없냐? 쟤가 왜 왔는지 모르겠어?"

낮 간지러운 말투로 부장은 나를 다그쳤다. 나 말고 웨이터가 한 명 더 들어왔는데 알고 보니 해고당한 것이었다. 부산에서 올라와 열심히 살아보려던 내가 마음에 들었는지 부장은 안타까워했다. 작은 곳에서 새롭게 시작해보지 않겠냐는 권유를 뿌리치고, 길거리를 으르렁대며 돌아다녔다. 오래 할 생각은 없었지만, 막상 잘리고 나니 기분은 좋지 않았다. 사장 눈 밖에 나는 짓을 하긴 했었다. 그날 친구도 그만뒀다. 두 달 간의 짧은 웨이터 생활. 거창한 꿈도 아닌데 왜 추라이(쟁반의 은어)를 들게 하냐며 하늘에 속삭였다. 더러운 원룸에 돌아온 우리는 성공을 바라며 담배 연기만 실컷 내뿜고서 밤을 지새웠다.

겨우 방세 내는 수준인데 어떻게 해야 할지 몰랐다. 긍정의 힘이 뭐라고, 다시 해보자는 말에 퇴사했던 핸드폰 가게로 돌아갔다. 옷에 고기냄새 배는 알바는 하기 싫었고, 사람 바보 만드는 공장은 더더욱 싫었다. 그나마 정장 입고 핸드폰 파는 게 낫다고 생각했다. 그것 밖에 없었다. 1등. 지점에서 1등 하면 된다. 제일 많이 팔면 인센티브도 꾸준히 쌓여 생활 이상을 하게 되는 건 사실이니까. 지난번처럼 돈을 헛되이 쓰지만 않는다면 목표 자금은 몇 달 안에 충분히 해결 할 수 있다는 판단이 섰다.

팀장은 벌로 본점에서 떨어진 대형 마트에 넣어주었다. 반성의 시간을 가지고 다시 시작하라는 말에 묵묵히 천원을 외쳤다. 쌓였던 게 터졌는지 그 달, 지점 내 1등을 했다. 10일 도 안 돼 20개를 판매한 것이다. 그것도 천원이 아닌 고급 핸드폰을. 주요 고객은 마트 직원이었다. 동네 상권이라 지나치다 마주치면 얼굴은 웬만큼 기억됐다. 이곳으로 옮겼냐고 물어보는 사람도 있고, 반갑다며 먹을 것을 가져다주는 직원도 있었다. 땡볕에 천원 외쳤던 게 이제야 돌아왔다. 지점을 넘어 안산지역 전체 판매사 중 20위에 들어갔다. 순위야 하루가 지나면 바뀔 수 있지만 내 이름이 리스트에 올라갔다는 게 신기했다. 유명한 판매사들이 지점을 방문해 나를 알아본다는 것 자체가 이해되지 않았다.

꿈? 그것으로 끝났다. 삼겹살 꼬치를 팔자던 열정과 패기는 물거품이 됐다. 친구도 나도, 주머니는 빈털터리였다. 1등도 소용없었다. 돈은 딴 사람이 가져가니깐. 입에 풀칠할 정도로는 만족이 안됐다. 서로 실패를 인정하고서 각자의 길을 걷다 나중에 다시 만나기로 했다. 집에 돌아가는 버스비조차 없어 아버지에게 전화

했다.

"오만 원 만 주세요."
"알았다. 계좌번호 문자로 보내라."

큰 뜻을 이루고자 부산을 떠났으나 달라진 건 없었다. 다시 평범한 생활로 돌아왔다. 대학교에 가서 따분한 수업을 듣고, 친구들과 만나 술을 마시고, 운동하고, 여자 없는지 기웃거리고, 한심한 생활의 연속이었다. 꿈이 없는 삶이 그렇다. 바보 같은 꿈이라도 꾸었으니 눈빛이 다르고 걸음걸이가 달랐던 것이다. 좋게 헤어진 건 아니지만 잠든 나를 깨워준 그 친구가 고맙긴 하다. 나중에 핸드폰 매장을 차려 수억의 돈을 벌었다고 들었다. 남의 목소리를 들으니 가능한 걸까.

불장난하며 깨달은 건 꿈은 내가 꿔야 한다는 사실이다. 삼겹살 꼬치도, 핸드폰 판매 1등도, 내 꿈이 아니었다. 다른 사람을 쫓다 이상한 꿈만 꿨던 것이다. 그가 진심이었고 내가 진정 원했다면 무슨 일이든 이뤘을 텐데 말이다. 물론 헛된 시간은 아니다. 아주 특별했던 순간. 인생에서 소중하게 생각하고 있는 1년이다. 인생의 주체는 나다. 꼭 내 꿈을 꿔야 한다는 집념이 생겼고, 학교 선생님에게서 절대 배울 수 없는 가르침을 얻었다. 대신 꿈을 꾸려면 전채 요리로 불장난을 먹어야 한다.

빨간 원숭이

불장난을 끝내고 돌아온 곳은 학교. 취업난이라 직장인을 목표로 했다. 성공한 기업가들이 초청 강연으로 학교에 오면 특별한 꿈을 꾸고 도전하라고 한다. 예쁜 얼굴도 매일 보면 질리는 것처럼 그들의 말도 평범한 말이 됐다. 전공을 살려 취업. 이것 말고 특별히 하고 싶은 게 떠오르지 않았다. 이대로 멈춰있을 수 없었기에 그거라도 해야 했다. 그것. 나에게 취업은 'It'에 지나지 않았다.

특별한 꿈이 떠오를 때까지 플랜B에 집중하기로 했다. 전자공학이 전공인지라 그곳에서 꿈을 찾아 다녔다. 성적에 맞춰 선택한 게 아니었고, 재밌게 공부한 건 사실이다. 앞날을 내다보는 지혜가 부족했던 터라 막상 무엇을 할지 몰랐을 뿐이다. 전문성 없는 취업 컨설팅 전문가를 찾아다니며 겨우 방향을 잡았다.

"반도체 산업현장의 필드 엔지니어가 되고 싶습니다."

두루뭉술한 답변이 작전이었다. 면접을 보면 대부분 1분 자기소개를 하게 되는데 그곳에서 끝장을 내야 한다고 배웠다. 기계가 되고 싶진 않았다. 예상대로 면접관들은 어떤 산업현장을 말하는지, 어떤 필드 엔지니어가 되고 싶고, 그곳에서 목표하는 게 무엇인지 물어보았다. 준비한 거 차분히 말하면 된다. 남들과 똑같은 1분 자기소개 보다 효과 있었다. 혼내려고 덤볐다가 의외의 답변이 나오니 자연스레 관심을 받았다.

졸업이 가까워 질 때 한 업체에서 연락이 왔다. 생각보다 직장을 빨리 구했으나 단칼에 거절했다. 더 좋은 복지와 만족할만한 급여, 훌륭한 선배가 있는 곳을 원했다. 이런 경우 회사 입장도 난처해진다. 낙방한 사람 중에 다시 선택하는 건 어려운 일이다. 열정과 패기, TV 광고에 나오는 멋진 청년이 되려고 했으나 죄송하단 말만 남기고 물러났다.

공백기가 길어지자 부모님의 얼굴이 빨간 원숭이처럼 변했었다. 졸업도 했고 나이도 차는데 무엇을 하고 있는지 집에서 걱정이 됐나 보다. 지겨운 면접과 구직 컨설팅 교육. 소중한 기회지만 싫증나기 시작했다. 아무 때나 취업하고 끝내버릴까 고민하다 준비한게 아까웠다. 부장급 이상 되는 회사원들의 명품 대사가 떠오른다. 갈 곳은 천지라고. 요즘 애들은 배가 불렀다고 말이다. 틀린 말은 아니다. 잘 찾아보면 돈 받을 곳이 엄청 많다. 만족이 안 될 뿐.

긴 기다림 끝에 유명 회사에서 연락이 왔다. 축하한다며 오리엔테이션 일정을 문자로 보내주었다. 장문의 문자를 여러 번 읽고 취업 턱을 내려 했지만 삭제 했다. 지방 어딘가로 와달라는 소리가 싫어서다. 문화시설, 청년들 심지어 터미널도 없었다. 진심으로 배가 불렀다. 전화해줘서 감사하지만 기타 사유로 입사가 힘들다고 말했다. 불장난이 그리웠다. 당장은 이 분야에서 무엇을 이뤄내고 싶다는 생각이 들지 않았다. 하기 싫은 일 꾸역꾸역 하며 술로 달래는 짓도 한심해 보였다.

얼마 뒤, 아버지와 심하게 다투었다. 실력도 안 되는데 멍청하게 뭐하고 있냐며 불뚝성을 냈다. 나중에 사과드렸으나 그땐 그냥 떠나고 싶었다. 화가 난 나머지 일주일 안에 입사했다. 신이 마음을 읽고 있는지, 이전에 문의했던 곳에서 연락이 왔다. 경기도 어딘가로 와달라는 문자. 자동차 연구소지만 연봉은 평균 이하였다. 학교 다니며 입사 제의 받았던 회사보다 모든 면에서 수준이 떨어졌다. 회사를 설립한 사람들의 노력과 열정을 숫자로 판단하기란 버르장머리 없지만 그런 생각을 떨치진 못했다.

입사하고서 긍정적으로 생각하려 했다. 하고 싶은 공부를 했고, 관련 분야에서 일하고 있으니 다행이라고 말이다. 이곳에서 기회를 보려 했다. 승진이란 목표도 있었고, 경험을 쌓아 큰 회사로 이직하는 방법도 떠올랐다. 꿈을 찾고자 안간힘을 썼다. 아니 억지로라도 만들어야 실망한 마음을 달래줄 수 있을 것 같았다.

직장인. 평범한 꿈을 꾸니 평범한 직장인이 됐다. 그런 건 싫다. 특별한 게 좋다. 특별한 직장인이 되고자 노력했다. 회사는 수익

47

을 내야 하는 시스템이라 신입사원이라도 멀뚱멀뚱 서 있으면 안 된다. 일찍 와서 그날 해야 할 일을 정리하고, 풀리지 않던 문제를 해결하려 했다. 공학적인 문제는 인성, 마음, 감성으로 해결되는 게 아니다. 자동차 시험기를 만드는 회사로 고장진단을 위한 최적화 시스템을 만들어 내야 한다. 요구한 상황에 제대로 동작하고, 성능에 이상이 없는지가 관건이다. 공식, 논리, 분석으로 문제가 해결된다. 숫자와 집요한 논리 대결. 싸움 끝에 얻어지는 건 성취감과 회의감이 전부였다.

이 회사의 장점은 신입사원에게 기회를 빨리 준다는 점이다. 데뷔를 빨리한 연예기획사 연습생과 같다고 볼 수 있다. 입사 후 1년. 실무를 해보지 않겠냐고 제의를 했다. 회사에 PLC(자동화프로그램) 전문가가 없다며 본인이 맡아서 진행해보라는 사장님의 의견이었다. 퇴사한 사람들 중에서도 PLC를 제대로 다루고 간 사람은 없었다. 모두 실패. 이것은 기회였다. 이 분야에서 성공할 수 있는 유일한 길이라 생각됐다. 남들 다 하는 게 아니라 특별하게 다가왔다.

"할 수 있습니다."

월요일 아침 회의시간. 할 수 있겠냐는 사장님의 말에 자신 있게 대답했다. 물은 엎질러졌다. 질투 섞인 눈으로 쳐다보는 선배와 회사에선 괜히 나서는 게 아니라고 조언해준 빨간 원숭이도 있었다. 반면, 잘해보라고 어깨를 다독여 주는 조력자도 있었다. 인생이 그렇듯 무언가를 해내려면 잡음을 견뎌야 한다. 사수였던 과장은 뛰어난 사람이지만 PLC의 경험은 전무 했다. 긴장감 속에 진행된 다섯 개의 프로젝트. 핸드폰 팔 때처럼 목숨 걸고 출근했다.

잘 진행되나 싶었으나 시험기 두 대가 말썽이었다. 납품일은 다가오는데 정상동작 하지 않아 다들 초긴장 상태였다. 프로젝트 매니저인 차장님은 빨간 원숭이가 됐다. 욕을 남발했고 멍청한 것들이라며 나와 관련된 사람들 모두를 욕했다. 화가 났지만 참았다. 이것을 해내면 성장할 수 있고 나아가 더 좋은 직장으로 옮길 수 있으리라 생각했으니까.

"해준다고 했으니 해드릴게요. 가만히 있으세요."

폭발했다. 열 살이나 많았던 인생 선배이자 차장에게 큰 소리쳤다. 납품 기한을 이틀 남기고 터진 상황이었다. 조용해진 분위기에 누군가 섣불리 나서지도 못했다. 애꿎은 담배만 괴롭혔고, 침착하게 생각했다. 부장님이 못하겠으면 지금이라도 다른 업체를 찾는 게 어떠냐는 말에 오늘 저녁까지만 시간을 달라고 했다.

처음으로 돌아가 하나씩 풀어 보았다. 남은 시간은 7시간. 점심도 먹지 않는 나를 걱정해준 사람들이 많았다. 문제는 사소한 곳에서 있다는 말이 떠올랐다. 당연하니 그냥 넘기고 지나가는 것들. 그곳에서 오류를 발견했다. 결과는 성공. 풀리지 않던 문제들이 순차적으로 해결되기 시작했다. 납품을 이상 없이 완료했고, 담당자의 사인을 받아냈다. 부담감을 이겨낸 나 자신에게 감사한 순간이었다. 회사에서 PLC를 성공한 사람이 너밖에 없다며 칭찬해준 선배도 있었다. 기쁨도 잠시 일주일 뒤 사표를 냈다.

평범한 곳에서 특별함을 찾으려 했으나 그만두기로 했다. 더 이상 시간 낭비 하고 싶지 않았다. 빨간 원숭이도 보기 싫었고, 나 자신이 그렇게 되는 건 더더욱 싫었다. 상황이 사람을 만드는 건 이해되지만 꿈이 없는 사람들의 모임을 떠나고 싶었다. PLC 전문가도 꿈은 아니었다. 다른 사람들이 하지 못한 특별한 일이라 흥미가 생겼지, 내가 꾼 꿈이 아니라 회의감만 쌓여갔다. 하지만 목숨 걸고 이뤄낸 작은 성공이라 영원히 기억에 남을 듯하다.

진짜 내 꿈을 찾고 싶었다. 오히려 커피 사장이 되고자 커피숍 알바를 하는 게 멋져 보였다. 꿈이 없는 삶이 이렇게 허망할 줄이야. 시간 흘러가는 걸 그냥 지켜본다는 게 고역이었다. 세 박스에 모든 짐이 정리됐다. 경기도에서 다시 부산까지 부풀었던 꿈을 끈 채 내려왔다. 미안한 마음에 가족들 얼굴을 보았고, 조용히 방에 들어갔다. 그 어떤 말도 나를 위로 할 수 없는 걸 알기에 당분간 잠에 빠져 살았다. 꿈은 목표와 다르다. 달려가 거머쥘 수 있는 게 목표라면 꿈은 비행기를 타고서 활주로를 날아올라 보이는 풍

경이다. 빨간 원숭이는 볼 수 없는 그 멋진 광경. 다음을 기약하며
다시 출발선에 섰다.

불장난2

인터넷 낙서장인 블로그를 뒤져 봤다. 영화를 보고 아쉬운 마음에 후기를 남기던 쓸모없던 공간. 누가 뭐래도 상관없다는 마음에 주절주절 썰을 풀다 만난 익명의 블로거도 있었다. 퇴사 후 무엇을 해야 할지 모르던 상황이라 오랜만에 글을 썼다. 글. 종이에 끄적거려도 되지만 자판을 누르는 쾌감에 몇 문장 만들어 본다.

잊혀진 손의 감각이 돌아와 한동안 재밌었다. 사진도 올리고 그걸 보며 이랬으면 어떨지, 저랬으면 어떨지 혼자 공상에 빠졌다. 흔히 공상은 나쁜 것이라 치부하지만 나에게는 아니다. 끊임없이 새로운 스토리가 떠오른다. 어릴 적 선생님이 말씀하시던 쓸데없는 상상이다. 그들은 그럴 시간에 책 한 장 더 보라고 했었다. 현실을 초월한 세계지만 4차원이라 불리는 공간은 아니다. 3차원을 벗어나고픈 욕망을 간직하고서 한계점을 지켜준다. 공상은 침체된 나를 어디론가 데려가기 위해 일으켜 세워줬다. 그곳은 소설이란 행성이다.

뛰어난지 아닌지 판단하지 않았다. 생각나는 대로 글을 썼다. 한 시간이 지나고 반나절이 지나 저녁이 찾아왔다. 잠시 거울을 본 순간 얼굴 표정이 말이 아니었다. 감지 않은 머리, 처진 입 꼬리, 그리고 성공을 향한 갈망. 손가락이 아프다는 신호를 보내자 도대체 무엇을 하고 있는지 해명해야 했다. 그런 시간을 며칠 보내고서 결론이 났다. 나는 글을 쓸 수 있는 사람이고, 그 중에서도 소설을 완성할 수 있는 사람이라고.

"나는 소설을 쓸 수 있는 사람이다. 스토리를 만들 수 있는 사람이다"

백지화면을 보며 혼잣말로 중얼거리다 목표를 정했다. 책을 출판해 작가가 되는 것. 아니 소설가가 되는 것으로 말이다. 어떻게 시작 할지 몰라 먼지 묻은 오래된 소설을 책장에서 꺼내들었다. 결말이 뻔히 예상되어 다 아는 내용. 이런 글은 쓰고 싶지 않았다. 반전을 원하는 게 아니다. 살면서 황당무계한 일은 얼마든지 일어나지 않는가. 배신이니 치정이니 복수니 하는 것들은 결말이 예상되는 내용이다. 그 이상을 보고 싶었다. 심장이 뛰고, 두렵고, 희열을 느끼고, 폭발할 것 같은 기분을 글로 느끼고 싶었다. 인생에서 변화가 있으려면 충격이 필요하다. 충격적인 글, 내가 집필해야 할 소설은 충격적이어야 한다고 다짐했다.

두 번째 불장난을 시작한 지 두 달이 지나 한 편의 소설을 완성했다. 제목은 유니온시티. 분량은 대략 A4용지 150여장 정도 됐다. 요약하자면 식물인간이 된 주인공이 새로운 세상을 보고서 깨어난다는 내용이다. 노동에 지친 현대인들이 이룰 수 있는 물질적인 미래에 대한 개념을 제시하고 그것을 비판하기보다 새로운 시야를 제시하려 했다. 주인공은 기억을 팔며 부를 축적하지만 정작 인간이 필요한 걸 사랑임을 깨닫는다. 지금 생각하면 너무 창피한 내용이라 외장하드에 조용히 넣어두었다.

장편을 완성하니 허무했다. 혼자만 보니 재미없었고 누군가 읽어주며 공감해주길 원했다. 그렇게 찾은 게 공모전이었다. 출품해 1등을 하면 책으로 나온다고 했다. 서점에 내가 쓴 소설이 있다고 생각하니 꿈만 같았다. 이번엔 제대로 쓰고자 글쓰기 방법론에 매달렸다. 각종 서적을 참고하며 어떻게 글을 써야 하는지 몰입했고, 글쓰기 강의를 찾아다녔다. 그런 과정이 하나씩 쌓이다 보니 단편소설로 상도 받았다. 크고 작은 대회에 출품하며 넉 달 만에 여섯 개의 상을 받았다. 그 중 한국해양재단에서 주관한 해양문학상에 입상하기도 했다. 큰 대회였고, 전혀 기대하지 않았던 터라 전화를 받고 무척이나 기뻤던 기억이 난다. 살면서 상을 받아본 적이 별로 없었기 때문에 이것이 나의 재능인지 의문을 가지던 순간이었다. 나의 재능은 무엇인지 끊임없이 헤매다 만난 글쓰기. 천성은 아닐지라도 노력하면 더 발전시킬 수 있을 것 같다는 생각이 들었다.

문제는 출판이다. 수천 명이 지원하는 공모전에 1, 2등을 해야 주최 측에서 책을 만들어 준다. 해양문학상은 재단에서 입상작을

엮어 책자를 만들어줬지만 만족이 되진 않았다. 형식적인 것 말고, 서점에서 사람들이 좋아서 구입할 수 있는 책. 그런 걸 원했다. 글만 쓰는 건 작가가 아니다. 저서가 있어야 하고 독자를 만나야 한다. 그래야 앞으로도 계속 글을 쓸 수 있다. 어디서 출발해야 할까. 깜깜한 눈앞에 빛을 찾아야 했다. 답답했지만 나도 모르게 소설가란 꿈이 생겨 기분은 좋았다.

　출판을 하려면 어떻게 해야 할까? 한동안 이 질문을 되뇌이며 잠들었다. 전자책도 있고, 1인 출판도 있지만 그건 내가 원하는 게 아니다. 우선 그곳에 도달하려면 작가로서의 삶이 필요했다. 다행인 건 출판의 진입장벽이 낮아졌다는 현실이다. SNS 이용자가 많아 누구나 글을 쓸 수 있는 시대가 됐다. 누구나 쓰니 누구나 책을 출판할 수 있다. 상업성 짙은 책들이 서점을 망친다며 일침을 가하는 작가도 있다. 무슨 상관이랴. 팔리는 책이 좋은 책이고 대단한 작가라는 분위기가 만연해있다. 어떻게든 서점에 진열만 되면 된다고 생각해 자비출판에도 마음이 쏠렸었다.

　다행히도 갈팡질팡하던 나의 마음을 잡아준 사람이 나타났다. 고난을 이겨낸 작가였다. 아니 고통을 글쓰기로 일어난 사람이었다. 상업성과 예술성의 조화를 이룰 수 있는 주제. 그는 그것을 만들어줬다. 글 쓰는 방법을 가르쳐준 사람은 아니지만 더 큰 세상을 보여준 귀인이다. 정상적으로 출판하는 방법, 그것을 알려준 사람이니 어떻게 고맙지 않을 수 있을까. 짧은 만남이었지만 작가가 되기까지 얼마 남지 않았음을 직감적으로 느꼈다.

55

길은 정해졌다. 그의 도움으로 출판물로서 가치가 있는 주제를 선택할 수 있었다. 단순하지만 내가 좋아하는 것에서 소재를 찾는 게 먼저라 말해줬다. 충격적인 소설이 최종목적지라도 반드시 거쳐야 할 단계이다. 좋아하는 게 무엇일지 찾아보다 영화가 떠올랐고, 부산이 생각났다. 영화와 부산. 망설이는 시간조차 허락하지 않은 비행기가 활주로에 들어섰다.

'영화 속 부산을 여행하자'

구체적으로 카테고리를 나누다 보니 천 만 영화로 물음표가 집중됐다. 〈변호인〉, 〈국제시장〉, 〈해운대〉, 〈도둑들〉, 〈친구〉는 즐겨 봤던 영화였고, 촬영지는 자주 가던 장소였다. 곽경택, 윤제균 감독만 부산을 추억하고 있는 게 아니다. 그건 그들이 경험했던 부산이고 난 또 다른 부산을 알고 있다. 촬영지를 돌아보며 까마득히 잊고 있던 기억을 끄집어 내보았다.

덕수는 국제시장이 생존의 공간이었지만 나에게 살벌함을 심어준 두려움의 대상이었다. 상고머리로 멋을 내던 중학생시절, 깔롱을 부리고자 친구와 국제시장에 자주 갔었다. 모르면 용감하듯 이것저것 집어보고 내 세상인 마냥 돌아다녔다. 장사가 안 되던 아저씨는 화가 났는지 교복을 입은 우리에게 다가와 욕설을 퍼부었다.

"XX놈들아, 안 사나?"

지금 어린 친구들이 하는 욕을 들어보면 우습다. 부산 토박이 아저씨가 내뱉는 걸쭉한 욕은 가슴을 철렁이게 만든다. 손님한테 이래도 되는지 싶을 정도로 거칠게 다뤘다. IMF를 겪고 난 뒤 일어서질 못하는 마당에 날파리 꼬였다는 표정이다. 다른 손님을 맞아도 싹싹하게 하지 않는다. 돈이 무엇인지 장사만 잘됐다면 반갑게 맞아줬을 텐데 안타깝게만 느껴졌었다. 이외에도 신창원 쫄티를 사러 갔던 일, 인근 학교 양아치 패거리를 만나 당황했던 순간도 떠올랐다. 내가 촬영한 천 만 영화, 또 이 책을 보는 사람마다 새롭게 촬영할 천 만 영화를 기대하며 집필에 임했다.

결국 해냈다. 한 출판사에서 러브콜이 왔고, 약간의 수정을 거친 뒤 출판 됐다. 서점에 내 책이 있었다. 날아갈 듯한 기분은 아니었지만 꿈을 이룬 셈이다. 드디어 작가가 됐다. 누구나 글을 쓸 수 있지만 아무나 하지 못하는 출판. 인정받을 만한 상황은 아니라도 괜찮다. 내가 원하는 걸 어떻게 이뤘는지 분명히 기억하고 있으니까.

글을 쓰고자 해서 글을 썼고, 출판을 원하니 출판이 됐다. 꿈이란 이런 걸까? 꿈꾸는 대로 삶이 이루어진다는 말이 사실이었다. 작가가 되고 싶다고 생각해 작가가 됐을 뿐이다. 앞으로 풀어야할 숙제는 작가 앞에 '어떤'이란 물음표의 답을 찾는 일이다. 어떤 작가가 될 수 있을지 생각에 잠겨본다. 물론 고민하지 않아도 된다. '어떤'을 지우고 되고 싶은 나를 써 넣으면 된다. 꿈을 생각했다면 이미 시작된 것이다. 두 번째 불장난을 하고나니 꿈은 어떻게든 이루어진다는 사실을 깨달았다. 그러니 되고 싶은 나의 모습을 정했다면 바꾸지 말고, 끊임없이 달려가야 한다. 아마도 꿈이 기대하는 나의 이상적인 모습이지 않을까 싶다.

불장난을 한 뒤 빨간 원숭이를 만난 건 나름의 이유가 있었다. 진짜 불장난을 해보라고. 내 꿈을 꿔야 이뤄진다는 메시지를 얻었고 그걸 찾기까지 적지 않은 시간이 걸렸다. 빠르지도 느리지도 않다. 그간 좋은 사람과 나쁜 사람을 두루 만났기에 가능하지 않았을까. 이제 겨우 작은 꿈을 이뤘을 뿐이다. 남은 인생에서 해야 할 일들, 특히 글쓰기로 이뤄내고 싶은 것들이 남아 있다. 목적지에 도달하는 건 시간문제다. 중간에 바꾸지 않는다면 말이다.

첫 번째는 처음으로 출간 될 소설이다. 저서 다섯 권이 출판되면 곧바로 작업에 임할 계획이다. 주제도 명확하다.

'누구나 아나키스트를 꿈꾼다'

인간의 자유로운 본성을 건드리고 싶었다. 자유롭고 싶으나 그렇지 못한 마음. 금전적으로, 정황상으로 등 우리는 여러 핑계로 하고 싶은 일을 하지 못하고 살아간다. 아나키즘이 반드시 정부를 향한 의식적인 반항심은 아니다. 시선을 돌려 보면 종교가 될 수 있고, 작게 보면 학교나 소규모 단체가 좋은 예다.

흔히 조직에 불만이라고 말하는 사람도 있다. 이런 순수한 감정은 나이가 들며 조금씩 사라진다. 어릴 땐 마음대로 행동하는데 지금은 그렇지 않다. 최대한 자유롭게, 자유가 어렵다면 주장을 당당히 하자는 마음으로 살아가도 유아기의 좌충우돌 일상과 비교가 안 된다. 타인의 말을 듣고 자라면 이 같은 현상이 생긴다. 충돌. 내 마음의 소리와 그것을 막으려는 빨간 원숭이의 잡음이 부딪힌다. 사소하지만 일상에서 어떤 결정을 내리는지 살펴보면 누구의 말을 듣고 있는지 쉽게 판단이 가능할 것이다.

"저는 대통령이 되려고도 하지 않을 겁니다. 단지, 진짜 혁명이 무엇인지 알려주고 싶습니다. 혁명가의 아들이자 혁명가의 손자로서 외쳐보겠습니다. 깨어나라 프롤레타리아여!"

라쿠스가 한 말이다. 그는 지난 1월, 추운 겨울 날 일주일 만에 완성한 중편소설의 주인공이다. 아나키즘을 표현하고자 했고, 이데올로기를 우회적으로 드러내며 저항은 당연하다는 걸 알리고 싶었다. 보여줘야 한다는 목적이 없었기에 컴퓨터에 조용히 잠들어 있다. 다시 꺼낼 날이 얼마 남지 않았다. 하나의 장편이 완성되기 까지 수많은 NG를 경험해야 한다. 복잡할수록 단순하게. 주제를 명확히 전달하면서 독자가 이해할 수 있는 구성이 필요하다. 이 소설은 완성하는 게 목적이 아니다. 출판되어 작품으로서의 가치를 알리고 싶다.

뛰어난 소설은 많지만 '문학'이라 생각한 건 『우리들의 일그러진 영웅』이다. 표절논란은 일단락 됐고, 현재는 교과서에 실리고 있다. 나이가 들어 다시 읽어본다면 왜 문학적으로 가치가 있는지 깨닫게 된다. 문학은 우리의 삶을 말할 수 있어야 한다. 이것은 저것이라고 말하는 게 아니라 우회적으로 독자가 느낄 수 있게 표현해야 한다. 전혀 다른 상황을 보면서 내가 마주한 현실을 돌아볼 수 있게 말이다. 그렇기에 스토리를 구성하는 일이 어렵지만 가치 있는 것이다. 문학이 죽었다 해도 사라질 수 없는 이유가 여기에 있다. 삶. 우리가 사는 세상이니까.

목표는 출판 후 1년 안에 100만 부 판매이다. 문학은 예술성도 있어야 하지만 흥미를 줘야 한다. 재미가 없으면 아무도 읽지 않는다. 영화를 보고 나왔을 때와 비슷하다. 꼰대가 말하는 작품성에 CF감독이 말하는 상업성의 적절한 조화를 이뤄야 한다. 누군가에게 추천해줄 수 있는 작품, 책을 읽지 않던 사람에게도 권유할 수 있는 작품 그리고 한 번 더 볼만큼의 충격적인 내용. 그런 작품을 완성하고 싶다. 1억 부가 넘게 판매된 책도 있지만 100만 부를 달성해야 가능한 일이다. 작가들이 도전해야 할 숫자 100만. 삶을 말할 수 있다면 충분히 가능한 숫자라 본다.

두 번째는 한주서가 100호점 설립하기다. 프렌차이즈 가맹 광고를 보면 전국 몇 호점, 최단 기간 돌파 등 익숙한 문구가 눈에 들어온다. 2년 전에는 커피가 주류를 이뤘고, 최근에는 소형평수 테이크아웃 전문점이 강세를 띄고 있다. 이것도 언제 어르신 말이 될지 모른다. 큰 비용이 들어가는 창업도 100호점을 돌파하는데 글쓰기 모임은 더 쉽지 않을까?

단체가 지속되려면 명확한 목표가 있어야 한다. 평생학습관이나 소규모로 진행되는 글쓰기 모임에 가보면 방향을 제시하진 않는다. 교류는 하나 성취감이 없다는 얘기다. 소소한 이야기라면 SNS로 충분하다. 글을 써서 반드시 작가가 되라는 말이 아니다. 사람이 좋아 오래 가는 모임도 많지만 멋진 글을 쓰는 사람들이 문학공동체로 끝나니 아쉬울 따름이다.

4차 산업혁명을 반갑게 받아들이는 요즘 글쓰기야말로 기회다. 사람은 감성적인 동물인데 자꾸 로봇처럼 움직이라고 한다. 결과는 뻔하다. 지친 어른이는 자유를 갈구한다. 비상구. 그것이 필요하다. 소주, 클럽, 게임 등 스트레스를 해소할 건 많다. 내가 말한 비상구는 스트레스를 멀리 보낼 탈출구가 아니다. 우리가 본래 지니고 있는 감성을 적극적으로 끄집어내는데 목적이 있다. 평소 하지 못했던 말과 행동이 글로 표현되고, 쌓이다 보면 현실이 된다. 성공한 사람들의 공통점은 원하는 걸 노트에 적고 반복해서 읽었다는 사실이다. 감성이 시키니 가능한 일이다. 글쓰기로 이뤄낼 수 있는 게 많다. 그냥 낙서하는 것만으로도.

한주서가의 색깔이 '자유'라면 작가는 꿈이다. A4용지 두 장을 적을 수 있다면 책 한권은 시간문제다. 글의 맛을 본 사람들은 책 한 권은 꼭 내고 싶어 한다. 그것도 책상 서랍 속에 있는 게 아니라 서점에 진열되어 아무도 모를 누군가에게 전달 될 수 있는 그런 걸 상상한다. 그때부터 소소한 꿈이 생긴다. 빨간 원숭이와의 만남에서 꿈과 목표의 차이점을 설명한 바 있다. 활주로를 타는 것이 목표라면 꿈은 날아올라 끝없이 펼쳐진 공간을 만끽하는 것이다. 작가를 꿈이라 말하지 목표라 말하는 사람은 거의 없다. 그러니 숨어 있는 글쟁이들이 한주서가를 만나 꿈을 펼쳤으면 좋겠다.

가능하다면 1호점의 점주로서 활동하고 싶다. 자극도 반복되면 무감각해진다. 처음은 사라질 수 있으나 잊혀지진 않으니까. 작가가 꿈인 사람과 글쓰기로 해방을 꿈꾸는 어른이가 모여 100호점을 만드는 것이다. 대한민국 어디라도 한주서가에서 왔다면 반갑게 웃어줄 테다. 테이크아웃 가맹점이 400개를 넘어도 서로 반기지 않는다. 매출이 어떻고, 슈퍼바이저가 잔소리를 얼마나 하는지 부정적인 기운이 가득하다. 자유를 추구하는 글쓰기모임, 한주서가. 어쩌면 100호점 점주는 나의 자식 중 한 명이 될 수도 있겠다.

세 번째는 저자 강연회로 세계일주다. 강연 100℃에 훌륭한 작가가 여럿 등장했다. 그걸 보면서 글쓰기로 이뤄내고 싶다는 꿈이 생겼다. 방문한 국가를 하나 둘 세는 건 목표다. 나도 모르게 세계일주를 끝내야 한다. 그게 꿈이다. 강단이 없어도 좋다. 나를 만나러 온 독자가 한 명이라도 있으면 진심을 다해야 한다. 아쉽게도 현재는 그런 독자를 만들기 위한 저서가 준비되어 있지 않다. 어떤 내용의 책으로 세계 일주를 할지는 정하지 않았다. 문득 누군가 그럴싸한 내용을 던져줄지도 모른다. 지금까지 그래왔듯이.

보스턴에 먼저 가야겠다. 언제인지는 모르겠으나 국내에 방영된 미드 〈엘리의 사랑 만들기를〉 인상 깊게 봤었다. 보스턴을 배경으로 한 드라마였기에 근처 풍경이 자주 나온다. 변호사가 등장하는 내용이라 작가와 관련은 없다. 소송이 난무하면서도 사랑이 싹트는 미래지향적인 직장인들. 허구인 줄 알면서도 재밌게 보게 된다. 그곳에 가면 즐겁지 않을까란 상상이 소설에 필요하다. 보스턴을 배경으로 한 내용도 괜찮다고 생각했다. 어쨌든 세계 일주는 '불장난3'에서 만날 수 있다.

솔직히 내가 글을 쓴다고 상상을 해보지 않았다. 오랜만에 나를 본 사람들도 글을 쓴다고 하면 의아해 한다. 웃으며 지나가지만 속으론 진지하다. 작가는 꿈이었으니까. 뒤늦게 친구 따라 불장난 했을 땐 내 꿈이 아니었으니 실패했고, 빨간 원숭이들을 만났을 땐 목표를 쫓다 꿈을 잃어버렸다. 작가는 누군가의 꿈도 목표도 아니다. 온전히 나 자신이 만들어낸 상상이다. 이 책의 독자들은 어떤 꿈을 꾸고 있는지 모르겠다. 꿈은 쫓는 게 아니다. 목표를 이루고 성취감에 젖어 끝을 내고 싶지 않다면 스스로에게 무엇을 하고 싶은지 물어봐야 한다.

앞으로의 꿈인 소설 100만부 판매, 한주서가 100호점 설립, 저자 강연회 세계 일주는 어떻게 이뤄낼지는 모른다. 방법은 누군가 주고 가니 걱정하지 않는다. 중요한 건 쓸데없는 생각이라며 꿈을 포기하는 것이다. 진부하지만 꿈에 도달할 수 없는 건 도중에 관뒀기 때문이다. 꿈이 마음에 안 든다면 바꾸면 그만이다. 그러다 명확한 꿈을 찾았다면 나를 믿고 가면 된다. 불안감이 들어야 꿈이다. 수많은 NG 끝에 행복, 자꾸 느끼고 싶다. 죽을 때까지.

신대영

● 자기계발 작가

사회적 알람에 맞춰 평범하게 살기를 바랐지만 남들의 평범함을 쫓아가지 못하고 도태되어 버렸다. 할 줄 아는 것, 해놓은 것 하나 없이 막연히 글을 써 보고 싶다는 생각에 생각나는 대로 글을 쓰기 시작했고, 일생에 책 한 권은 쓰자 라는 생각으로 무작정 부딪히게 되었다. 글을 쓰며 진정으로 하고 싶은 일과 해야 하는 일을 알게 되었고, 중요한 것은 사회적 알람이 아닌 자신만의 나침반이 필요하다는 것을 깨닫게 된다. 그것을 많은 사람들이 느꼈으면 하는 바람을 가지고 이제 막 첫 걸음을 떼고 있는 중이다.

E-Mail dyshin1382@naver.com

꿈꾸는자들의이야기
Dream!ng 2

3장

신대영
Dream!ng

우주 과학자

어렸을 적 여느 아이들과 같이 호기심이 많은 편이었다. 어느 날 우연히 TV에 나오는 우주를 보고 크게 이끌려 우주 과학자가 되는 것이 꿈이 되었다. 그 때부터 밤하늘에 떠있는 달과 별들이 신기해 보였다. 낮에 떠있는 태양조차도 우주에서는 아주 작은 존재에 불과하다는 것을 깨달은 날에는 큰 충격에 빠지기도 했었다. 바다에는 물고기만 있는 것이 아니라, 그 안에 폭포도 존재하고 화산 활동도 일어난다는 것 또한 알게 되었다. 이러한 신선한 정보들은 언젠가 과학자가 되어 외계인들과 꼭 친구가 되겠다는 포부를 품게 했다.

과학자가 되려면 어떻게 해야 할까? 어릴 적 품은 꿈에 대한 열정으로 이러한 질문을 부모님과 선생님들께 해보았지만 하나같이 대답은 공부를 열심히 해야 한다는 것이었다. 과학자가 되는 방법을 알게 되니 공부가 무척 즐거웠다. 별다른 노력 없이도 성적이 좋았던 이유도 이 때문인 것 같다. 선생님들에게 모범생이라는 칭찬도 많이 받았었고 각종 수학 경시대회도 많이 다니곤 했다.

축구선수

허나 우주 과학자라는 꿈은 2002년 월드컵을 접하고 나서 등한시되고 말았다. 처음에는 아버지께서 축구를 보시니 덩달아 같이 보게 되었는데 세상에 우주보다 더 재밌는 게 있다는 걸 처음 알게 되었다. 한국에서도 축구를 하고 있다는 것도 몰랐었고, 더욱이 잘한다는 것도 몰랐었다. 축구의 재미에 푹 빠져 TV에 나오는 경기들은 모두 챙겨 보았다. 그 중 가장 응원을 하게 된 나라는 독일이었다. 축구가 무엇인지 모르는 아이의 시선에도 독일의 축구는 강력했다. 그리고 4강에서 우리나라와 맞붙게 되었다. 아무리 독일 축구에 매료됐다 하더라도 난 한국인이다. 열심히 한국을 응원했었지만, 아쉽게도 패하고 말았다.

그렇게 월드컵이 끝나고 얼마 후, 우연히 학교의 축구부 감독님과 축구를 하게 되었다. 해가 떨어질 때까지 경기를 하고 저녁을 사주셨는데 그 때 "축구부에 들어오지 않겠니?"라는 제안을 받았다. 제안과 동시에 2002년 월드컵에서 보았던 '발락'이라는 선수가 떠올랐고 축구선수가 되어 그 선수와 함께 뛰는 상상을 하게 되었다. 과학자는 잊은 채 부조건 하겠다는 대답을 했고, 집에 가서 부모님께 자초지종을 설명했었다. 내 기대와는 달리 부모님은 완곡하게 반대를 하셨다. 이유인 즉 아버지께서도 내 나이 때 축구선수를 꿈꿨지만 실패를 경험하셨고, 그 기억으로 인해 절대적인 반대를 하신 것이었다. 그러나 내 의지도 확고했고 다음날 학교에 가서 감독님께 하겠다고 말씀드렸다.

상대적으로 늦은 시기에 선수로서의 꿈을 키워나갔다. 허나 초등학생임에도 170에 가까운 키였기에 또래 친구들보다 신체조건이 좋았던지라 별다른 노력 없이도 축구를 잘 할 수 있었다. 탄탄대로일 것만 같던 무렵 대회를 앞두고 발목부상을 입게 되었고 결과적으로 맥없이 첫 대회를 마무리할 수밖에 없었다. 부상이 회복되기를 기다리며 아무것도 하지 못하고 몇 달을 보내야 했는데, 그 사이에 점점 친구들과의 실력차이가 벌어져갔다. 인정하긴 싫었지만 점차 주전선수로서의 실력이 되지 않았다. 그렇게 일 년이지나고 축구선수로서의 짧은 꿈은 막을 내려야 했다.

밴드

축구선수가 되고 싶다는 열망이 강했던 만큼 상실감도 컸다. 축구를 그만두면서 이전의 과학자라는 꿈도 잊어버린 채 공부에는전혀 관심을 두지 않았다. 다행인지 아닌지 모르겠지만 성적은 나름 괜찮게 나왔었다. 공부에는 신경을 쓰지 않고 다른 무언가를찾고 있었다. 마침 친한 친구들이 밴드음악을 하고 있어서 자연스럽게 이끌리듯 밴드음악을 하게 되었다. 각자 악기를 하나씩 다루고 있었기에 나 역시 무언가를 선택해야 했다. 여러 악기 중 저음파트를 맡는 베이스에 이끌렸다. 음악의 중심을 잡는 중저음이 매력적이었고 드럼이나 기타처럼 튀지는 않아도 반드시 필요한 역할이라는 것이 더욱 마음에 들었다. 처음 배울 때에는 너무 쉬워서 지루했지만 그만큼 배우는 속도도 빨랐기 때문에 여러 악보를 연주할 수 있었으나, 배울수록 어려워진다는 것을 깨닫는 데에는 얼마 걸리지 않았다. 그러나 더 연습하며 시간이 지난다면 지금 이 친구들과 함께 밴드를 결성하여 자유롭게 음악을 할 생각을 하니 어려움조차 재미있게 느껴졌다. 하지만 시간이 지나자 함께 하던 친구들이 하나 둘씩 그만두었고 나역시 급격하게 흥미가 떨어져 그만두게 되었다.

직장인

고등학생이 되자 꿈이라는 것은 없다고 생각했다. 정말 꿈이 있다면 평범하게 직장에 다니며 남들 받는 만큼 월급을 받는 것이면 된다고 여겼다. 이때부터 생각과 행동이 지극히 수동적으로 변하게 되었다. 중학생 때까지는 성적도 나름 잘 나왔지만, 기초가 없어서인지 고등학생 때부터는 마치 엔진을 꺼놓은 비행기 같았다. 스스로도 추락하고 있다는 것을 느꼈지만 크게 개의치 않았다. 매일이 같은 날이었고 지루했다. 그러다보니 다른 사람들에게 나를 맞추기 시작했다. 시간이 지나가니 고등학교를 졸업하게 되었고, 시간이 흘러 성적에 맞춰 대학교에 입학했다. 이런들 어떻고, 저런들 어떠한 그저 그런 평범한 삶을 추구해 나갔다.

없어짐

막상 대학에 입학해보니 왜 비싼 등록금을 내며 대학교를 다니는지 이해가 가지 않았다. 성적에 맞춰 전공을 선택하다보니 이것이 가장 큰 걸림돌이 되어버렸다. 하루하루가 아주 무의미해지고 그렇게 한 학기가 지나갔다. 이전에는 평범하게 살고픈 꿈이라도 있었지만, 이제는 그것마저도 벅차다는 생각이 들었다. 더 이상 학교에 다니기 싫어 휴학을 하고 돈을 벌기로 했다. 간간히 친구들에게 놀자는 연락이 올 때나, SNS에 올라오는 모습들을 보면 열등감에 견디지 못한 날들도 많았다. 괜히 부모님 탓을 해보기도 했다. 왜 돈 없는 집안에 태어나 이렇게 비루하게 살아야 하는지. 용돈도 받아보고 싶고, 놀러가고 싶다. 아르바이트를 하지 않으면서 돈 걱정 없이 일주일만 살아보고 싶다. 이런 생각을 하면서 일을 하고 있는 내 모습에 아무것도 하지 못하면서 원망만 하는 것이 한심하기도 하고, 이런 생활을 견디기 힘들었다.

사는 게 사는 것이 아니었다. 이렇게 살 바에 차라리…란 생각이 머리를 스쳤다. 고통은 잠시 뿐일지 모르겠지만 해방감은 영원할 것 같았다. 주방으로 가 가장 크고 날카로운 칼을 꺼내 손목 어딘가에 살짝 대보기를 몇 차례, 한 번 크게 숨을 쉬고 머릿속으로는 '고깃덩이를 자르는 거다'는 생각을 했다. 그러나 결국 시도하지 못했다. 죽는 것조차도 마음대로 하지 못하는 정말 한심한 놈이라며 자책했다. 자살하는 사람들 보고 의지가 약하다며, 그럴 용기가 있으면 그거로 살아보지 라는 무심한 말을 하지만 다 틀린 말이다. 그 선택을 한 사람들은 엄청난 용기와 의지가 있던 것이다.

그 날, 죽을 용기조차 없었기에 살아가기로 결심하게 되었다.

ing..

한동안 정신이 빠져 나갔었다. 세상에 나 하나쯤 없어도 아무런 문제가 없을 텐데 뭐가 그리 대단해서 생각이 많았을까? 한 번 죽었다고 생각하고 모든 생각을 비워보니 그냥 편안했다. 그러나 반복적인 일상은 싫었다. 적어도 한 달 만큼은 아무 걱정 없이 생활을 해 보기로 했다. 하던 일 모두 멈추고 돈 걱정도 집어치우고! 생각난 김에 다음 날 무작정 공항으로 가 제주도로 향했다. 생각나는 대로 움직이고, 새로운 사람들과 몇 시간이고 대화를 하기를 며칠. 돌아오고 싶어서 그냥 돌아왔다. 여러 강의도 들으러 다녀보고, 만나지 못했던 친구들도 만나보았다.

그 중 예전부터 퍼즐을 맞춰보고 싶어서 무작정 큰 퍼즐을 두 개 사와서 맞추는데 난처했다. 대책 없이 벌렸기에 나름대로의 순서를 정했다. 색깔별로 조각을 나눈 뒤 테두리부터 완성하고 어두운 색에서 밝은 색 순서로 진행했다. 처음에는 속도가 더뎠다. 그러나 하다 보니 이내 조각이 맞춰지기 시작했고 속도도 붙었다. 기어코 퍼즐을 완성해서 유약을 발라 건조시킨 뒤 액자에 걸어두니 완전 작품이 되었다. 그 퍼즐을 보며 사람도 퍼즐과 닮아 있다는 생각이 들었다. 본인의 조각 하나마다 의미가 있을 것이다. 지난날 동안 조각을 나누는 일을 했다면 이제 테두리를 만들 차례이다. 순서를 알았으니 속도가 느려도 진전이 있을 것이고, 스스로도 모르는 사이에 속도도 붙겠지란 생각을 해보게 되었다. 어느 순간 돌아봤을 때 멋진 작품이 되어있을 그날을 상상해보며 이제 미소를 지어보게 된다.

꿈은 다가가기 힘들다. 잡힐듯하면 멀어지고, 멀어진 줄 알았던 것들이 눈앞에 아른거리기도 한다. 그래서 꿈과 현실사이에서 고민하는 사람들이 많다. 현실을 살아가자니 꿈을 쫓는 사람들이 멋있고 대단해 보이고, 그렇다고 꿈을 쫓자니 현실적인 문제 앞에 부딪히기도 한다.

그렇다면 어떻게 접근해야 할까? 개인적으로 꿈을 쫓는 이상주의적 사고를 가졌지만, 몸에 배여 있는 습성은 현실주의적이다. 어찌 보면 모순적이라고도 생각할 수 있겠지만 적절한 배합이 필요하다고 생각한다.

왜 하필 꿈인가? 거기에 아주 단순한 답을 말한다. 사람이니까. 본능에 충실한 동물에 비해 사람은 이성적 사고를 하고 이상이 있기 때문이다. 현실을 살아가는 사람들에게도 저마다의 목표가 하나쯤은 있다. 그렇기에 일을 하고, 자기계발도 한다. 지금쯤 본인이 하는 일에 '왜?'라는 질문을 던져보길 바란다. 쳇바퀴 굴러가듯이 돌아가는 이 세상 모든 것에는 이유가 있다.

꿈이든 현실이든 무언가를 해야 한다. 그러나 꿈을 이루기 위해 무엇인가를 해야 한다는 생각을 한다면 계획을 크게 잡아 두어야 할 것만 같고, 대단해 보여야 할 것만 같다. 언제나 그런 부담감이 발목을 잡는다. 그러나 어렵게 생각하지 말고 단순하게 생각해 보자. 무엇이든 하면 된다. 개인적으로 기분이 좋은 것이면 더 좋다. 기분이 좋지 않으면 어떤 것이든 힘들고 괴로울 뿐이다. 여기에 잘 할 수 있는 것이면 분명 좋은 시너지 효과가 나타나게 된다.

단발성이라도 좋다. 아침에 일어나 이불정리라도 해 보자. 그렇다면 하루를 성공으로 시작할 수 있다. 무엇인가를 해냈다는 습관을 기르는 것에 의의를 두어야 한다. 또한 이런 것들이 꿈을 이루는 과정이 되어 큰 자산이 될 것이라 믿어 의심치 않는다.

나에게 있었던 경험이야말로 현재 가지고 있는 어떤 것보다 가장 큰 자산이다. 그것이 성공의 기억이든, 실패의 기억이든 상관없다. 어렸을 적 축구선수를 꿈꾸며 축구부를 들어가서 선수를 준비했다. 당시 큰 체격덕분에 별다른 노력 없이도 주전 자리를 꿰찰 수 있었다. 그래서였을까? 너무 쉽게 일이 풀리다보니 최선의 노력을 쏟지 않았다. 처음에는 티가 나지 않았지만 이내 곧 바닥이 드러나고 말았다. 그것을 깨달은 뒤에는 아무리 노력을 해도 기회가 찾아오지 않았다. 그 때를 교훈삼아 오늘의 성공이 내일까지 보장해주지 않는다는 교훈을 얻었다. 성공이었다면 자만을 경계하고, 실패라면 교훈을 찾아보자.

부모님이 강하게 반대한다면? 이 또한 많은 사람들이 겪고 있는 문제점이다. 꿈과 현실 사이에서 가장 크게 고민하는 이유 중 하나이다. 이에 많은 답변으로 "부모님을 설득해 보세요!"란 말을 한다. 그러나 절대 맞는 답이라고 할 수 없다. 여러분들은 기껏해야 20년 안팎의 생각과 경험으로 설득하려 하겠지만, 부모님들은 40여년이 훨씬 넘은 생각과 경험으로 반대를 하는 것이다. 처음부터 설득이 가능했더라면 그리 강하게 반대를 하지도 않았을 것이다. 그러나 여러분들은 이런 악조건을 헤쳐 나가야만 한다. 그렇다면 결과물을 보여주어야 한다. 당장 꿈에 대한 것들의 결과물을 보여주라는 것은 아니다. 평소 부모님께서 관심을 가지고 있는 것부터 공략을 해보는 것이다. 오롯이 본인의 힘만으로. 여태까지 부모님의 지원 아래 부모님의 결정을 따라왔기 때문에 본인의 인생에도 참견이 들어갈 수밖에 없다. 그러나 이러한 것 없이 사소한 것부터 결과물을 만들어 가고, 이 결과물의 강도와 규모가 갈수록 커질 수 있다면 신뢰가 쌓일 수밖에 없다. 단, 이것은 시간과의 싸움이 될 것이다. 그러나 이 과정을 통해 변화된 자신과 여러분들의 부모님을 확인할 수 있게 될 것이다.

　많이 하는 고민들 중 또 다른 하나는 "너무 늦은 것이 아닐까?"라는 것이다. 본인의 꿈이다. 그 정도의 가치가 있다면 정말 늦었다는 게 있을까? 어떻게 해서든 방법을 찾아낼 것이다.

　너무 앞만 보지 말고 여러 방면을 바라보자! 축구선수의 꿈이 있었는데 이제 와서 선수를 꿈꾼다는 건 정말 늦었을지 모른다. 그러나 축구는 선수만 있는 것이 아니다. 유소년 시절 실패를 경험했기 때문에 어린 선수들에게 더욱 가깝게 다가가 경험을 전해주고 싶어서 유소년 코치 자격증을 취득했다. 축구에 관심 없는 사람들에게는 감동적이고 재미있는 에피소드를 알려주며 흥미를 유도하기도 했다. 전체적인 발전을 위해 칼럼도 쓸 것이다. 선수를 하지 못했다 하여 축구에 대한 꿈이 사라졌을까? 오히려 다양한 각도에서 볼 수 있게 되었다. 조금만 시선을 돌려보자. 방법은 보일 것이다!

내가 가야할 길은 어떤 모습일까? 곧게 뻗은 고속도로일지, 굽어있는 시골길일지, 아니면 포장조차 되어 있지 않은 산길일지 모른다. 자신이 가야할 길의 한 치 앞을 볼 수 없어 두려울 수도 있다. 그러나 잘 포장되어 있는 길을 가는 것과 본인이 만들어 놓은 길을 가는 것은 확연히 다르다. 우리는 자신의 꿈을 향해 가고 있는 것이 아닌가! 자신이 가는 길이 포장되어 있을 수도 있지만, 처음부터 끝까지 포장된 길로만 간다면 그것은 다른 사람의 길을 따라가는 것일 뿐이다. 도착지가 같다고 해서 무조건적으로 같은 길로 가려고 하지 말자.

먼 훗날 뒤돌아보았을 때 나의 발자국은 어떻게 보일까. 과정에서 수많은 성공과 실패가 있을 것이다. 가지 않은 길을 개척하다 돌아와야 할 경우가 생길수도 있다. 잘못된 길을 간 적이 있더라도 숨기려면 본인의 꿈을 부끄러워하는 것밖에 되지 않는다. 어떤 선택을 하고 행동을 했더라도 떳떳해져라. 어차피 목적지는 움직이지 않을 것이고, 그 자체로 사람들에게 귀감이 될테니 말이다.

축구를 하다보면 넘어지는 경우가 많다. 발을 헛딛거나, 태클에
걸렸을 수도 있고 착지를 잘 못할 때도 있다. 어떤 경우는 넘어지
는 것을 각오할 때도 있다. 처음 넘어졌을 때에는 정말 아팠다. 무
릎과 손바닥, 얼굴까지 전부 상처투성이였다. 그럼에도 축구가 재
밌어서 계속 축구를 하게 되었고, 할 때마다 넘어졌다. 어느 순간
부터는 넘어진다는 것을 예측하고 넘어져도 잘 넘어지는 방법을
터득했다. 간혹 그렇지 못할 때에도 몸이 기억한 본능으로 잘 넘
어진다. 아프지도 않다. 비로소 넘어질 줄 알게 된 것이다. 우리의
인생도 그렇다. 살다보면 예기치 못하게 넘어질 때도 있다. 반드
시 넘어질 것이 보이기도 한다. 정말 아프다. 그러나 피하기만 할
것인가? 재미있는 것은 피하다가 넘어질 때도 있다는 것이다. 그
럴 때는 그냥 넘어지는 것보다 더 크게 다치게 된다. 꿈을 향해 달
려가는데 넘어지는 것이 두려워 주저해서는 안 된다.

재미있게 넘어져보자. 그리고 다시 일어나 달려보자. 앞으로 넘
어져야 하고, 넘어트리려는 상황들도 무궁무진하다. 피하고 싶어
도 맞서야만 하는 상황도 반드시 온다. 이미 많이 넘어져보았다면
이럴 수도 있다.

"어? 별거 아니네."

10년 후

10년 뒤에 나는 어떻게 살고 있을까? 당장 오늘만 살고 있던 나에게 이런 질문은 어려웠다. 막연하기도 하고 감이 잡히지 않았기 때문이다. 당장 내일 무슨 일이 일어날 지도 모르는데 무려 10년 뒤라니! 그래도 꿈은 크게 가지라고 했던가. 일단 하고 싶은 것들을 최대한 크게 생각해 보기로 했다.

- 개인저서 10권 출판
- 청소년 지도자
- 1인 기업 강사
- 월간 축구 잡지에 칼럼 쓰기
- 1조 자산가
- 한울재단 설립

막상 글로 써 보니 그럴싸한 것들이 있는 반면에 말도 안 되는 것도 있다. 정말로 그럴싸하기만 하고 말도 안 되는 것들일까? 일단 이유나 들어보고 생각해 주기를 바란다.

개인저서 10권 출판

책이라는 것이 쉽게 느껴지지는 않았다. 딱딱하고 재미없다는 편견이 있었던 것이다. 차라리 책을 읽을 시간에 밖에 나가 공이라도 한 번 차는 것이 더 좋았다. 그런데 무슨 이유인지는 모르겠지만 우연히 책 한 권이 눈에 띄었고 앉은 자리에서 한 권을 다 읽었다. 16살에 처음으로 책이라는 것을 알게 되었고 언젠가 이런 것을 써 보고 싶다는 막연한 생각만 했다.

시간이 흘러 24살이 되어 공동저서를 집필할 수 있는 기회가 왔다. 무엇을 어떻게 써야 할지 모르겠어서 일단 아무 글이나 쓰기 시작했다. 그러다 보니 어느 새 분량이 많아졌고, 수정을 거치니 하나의 글이 탄생했다. 비록 미숙하기는 하지만 분명 나의 것이 생긴 순간이었다. 한 번 해냈다는 성취감이 들으니 무조건 어려운 것만은 아니라는 생각을 하게 되었고, 계속 할만한 가치가 있다고 생각하게 되었다.

언젠가 나의 이야기를 담은 자서전에서부터 에세이, 소설까지 쓰고 싶은 것들은 책으로 써 10권 이상의 책을 쓴 저자가 되고 말 것이다.

청소년 지도자

24살, 사회적으로 분류되는 성인이 되면서 그동안 무엇을 했는지 돌아보았다. 슬프게도 아무것도 한 것이 없었다. 여느 또래들과 같이 학교에 다니는 것, 군대를 갔다 온 것. 이 두 가지를 제외하면 정말 한 것이 없다. 그런데 주변 사람들도 본인은 한 것들이 없다며 말하는 것이 피차일반이었다.

왜 그럴까? 중, 고등학생 때 열심히 공부하고 대학까지 와.. 바로 이것이다! 청소년이었을 때 열심히 공부하는 것. 우리나라 특유의 교육열과 경쟁구도는 공부를 잘 할 수 있게 만들어 줄 수 있을지는 몰라도 그 이외의 것들에는 무관심했다. 또한 과도한 보호 안에서 어미 새에게 먹이를 받아먹던 아기 새들에게 스무 살이 되자마자 "이제 성인이 되었으니 여러분들이 알아서하세요!"라는 무책임한 방목까지 있으니 두렵고 혼란스러운 것은 당연하다.

청소년은 어떤 일을 시도했다는 것만으로도 긍정의 시선이 쏟아지고, 만약 실패를 했다하여도 보호받을 수 있다. 그렇기 때문에 청소년일 때 많은 것을 시도해 보아야 한다. 그러나 우리는 모든 책임이 본인에게 있다는 부담감이 가장 먼저 앞서기 때문에 시도하는 것을 두려워한다. 그렇기 때문에 한 것이 없는 것이다. 허나 이러한 황금 같은 시기를 그냥 보내게 할 수 없다. 아쉽고 안타까운 현실의 대한민국 청소년을 위해 자발적으로 무언가를 해볼 수 있도록 도와주는 코치가 되고 싶다. 내가 그랬던 것처럼 그들 또한 방황을 할 수밖에 없긴 하겠지만, 그 방황의 끝이 긍정적일 수 있도록 청소년 지도자가 될 것이다.

1인 기업 강사

앞서 청소년 지도자와는 비슷하지만 다르다. 청소년들에게 많은 것들을 경험할 수 있도록 도와주는 역할을 했다면 이제는 무기력에 빠진 대학생들과 일반인들이 대상이다. 이미 이들은 청소년기를 지난 어엿한 성인이다. 그러나 뭘 해야 할지 모르는 사람들이 많다. 이미 타인의 기준에 맞춰 살아왔던 사람들이 자신만의 시간을 어떻게 가져야 할지 알 수 없는 것은 당연하다. 그렇기 때문에 더욱 자신을 알 필요가 있다. 그들을 위하여 본인을 찾을 수 있도록 도와주는 강사가 될 것이다.

월간 축구 잡지에 칼럼 쓰기

어릴 때부터 하루도 축구를 생각해 보지 않은 적이 없다. 평소에 말 한마디 없다가도 축구 이야기만 나오면 나도 모르게 신이 나서 말을 하고 있는 것을 발견할 수 있었다. 때문에 어떤 사람들은 이런 나를 보고 "축구에 미쳤다"고도 한다. 비록 내가 축구선수의 길은 실패했지만 그렇다고 축구와 떨어졌다고도 할 수 없다. 앞으로 자라나는 유소년들을 위해 지원하는 것, 축구를 잘 모르는 사람들이 흥미를 가질 수 있도록 컨텐츠를 만드는 것, 오랜 축구 팬들을 위해 향수를 불러올 수 있는 것, 전체적인 시장구조와 발전을 할 수 있도록 나아가야 할 방향 등을 제시하는 칼럼을 쓸 것이다.

1조 자산가

가장 말이 안 되는 것처럼 보일 수 있다. 1조면 1억이 10,000개다. 살면서 1억이라는 돈을 언제쯤 만져볼 수 있을까? 1억도 큰돈인데 이 돈의 무려 만 배나 되는 돈을 만진다니.. 누가 들으면 콧방귀 뀔 소리가 아닐 수 없다.

그러나 누군가는 1조를 갖고 있으며, 또 누군가는 그 이상의 돈도 소유하고 있다. 그 사람들은 태어나면서부터 그런 돈을 가지고 태어났을까? 재능이든 재력이든 타고난 무엇인가 있기도 할 테지만 타고난 것이 없다 해서 되지 말라는 법도 없다. 일단 꿈 아닌가? 이룰 수 있든 없든 일단 크게 질러 보는 것이다.

말이 1조지 그 이상 되면 좋겠다. 여태껏 현실적으로 생각하고 평범하게 행동하다보니 그 정도 수준에 머물러 있었지만 이제부터 꿈을 크게 설정했으니 비범하게 행동할 차례이다. 그리고 엄청난 재력가가 될 것이다.

한울재단 설립

앞서 열거한 것들은 모두 이 한울재단으로 통할 것이다. 고등학교 때부터 친한 친구 몇 명과 서로의 분야에서 성공해서 세상을 뒤집어보자는 큰 포부를 가지고 약속을 했다. 한울재단이란, '한 번의 울림'이란 뜻으로 고요한 호수에 돌멩이를 던졌을 때 퍼져나가는 것을 떠올려 사람들이 나를 통하여 단 한 번이라도 울린다면 그 파장이 넓게 퍼져 나갈 것이고, 그 사람들이 다른 사람들을 울려주며 점점 확산되는 것을 목표로 한다.

개인 저서를 출판하며 독자들에게 나의 생각과 가치관을 전달해 주고 한 번쯤 생각해 볼 수 있도록 울리는 것, 청소년들을 지도하며 더 이상 수동적이지 않고 준비를 할 수 있도록 울리는 것, 강사가 되어 더 많은 사람들이 본인을 찾을 수 있도록 울리는 것, 축구 칼럼을 쓰며 한국축구 발전을 위해 울리는 것, 엄청난 자산가가 되어 도움이 필요한 많은 사람들에게 지원을 하며 그 사람들이 성공을 하여 선순환이 될 수 있도록 울리는 것이 이 재단의 설립 목적이라고 할 수 있다. 지금 그 친구들은 그때를 기억할지 모르겠지만 나는 언제나 가슴속에 품고 있었다. 그리고 그것을 보란 듯이 완성시킬 것이다.

얼핏 보았을 때 꿈만 쫓는 이상주의자라고 생각할 수도 있다. 얼마 전까지만 해도 철저한 현실주의자로서 그렇게 살아왔다. 그러나 더 이상 궁상맞은 현실 속에서 살아가고 싶지 않았다. 그런 삶은 지루하고 지겨워져 버렸다.

꿈을 가진 사람이 노력해서 결국 이루어 냈을 때, 얼마나 대단해 보이는가?! 언제까지 TV에 나오는 성공한 사람들을 보며 부러워하고만 있을 것인가. 더 이상 그들과 다른 세계에 살고 있다고 생각할 필요가 없다. 언젠가 말도 안 되는 것들을 반드시 하나 둘씩 쟁취해 나가고 말 것이다.

고마운 사람

살면서 많은 일들이 일어난다. 기쁜 일, 슬픈 일, 재미있는 일, 해야만 하는 일, 하고 싶은 일 등 셀 수 없다. 우리는 다른 장소, 다른 사람들과 살아가지만 모두 각자 나름대로의 이러한 일들을 겪으며 살아간다. 우리가 살아가면서 겪는 이러한 일들은 과연 온전히 혼자서 겪고 해결하게 되는 것일까?

사람은 절대 혼자가 아니다. 간혹 나 혼자 성장했다고 생각하는 사람도 있지만, 그것은 잘못된 생각이다. 혼자 했다고 생각하는 일에도 분명 누군가의 영향이 있다. 나에게 있어 그러한 영향은 바로 부모님이다. 살면서 가장 많은 영향을 주고 고마우면서 동시에 미안한 사람, 바로 나의 부모님에 대한 이야기를 해보고자 한다.

아버지와는 항상 대립되곤 했다. 어릴 때부터 무언가 하고 싶은 것이 있을 때마다 이유와 상관없이 무조건적인 반대를 하셨다. 마치 반대를 위한 반대처럼 말이다. 그러다보니 자연스레 소통이 단절되었고, 단절된 언젠가 부터는 아버지 같은 사람이 되지 않겠다는 결심을 하기에 이르렀다.

그러면서도 '왜?'라는 의문은 품지 않았다. 왜 아버지께서는 그런 모습이 되신 걸까? 아버지도 꿈이 많았던 어린 시절이 있었을 테고, 처음부터 이렇게 꽉 막혔던 건 아니었을 텐데 라는 생각을 하게 되었다.

아버지에서도 어렸을 때가 있었다. 지금의 '나'와 아버지가 지금의 나일 때를 비교하면 많은 부분이 닮아있다. 분명 꿈도 있었다. 피는 속이지 못한다고 했던가, 아버지도 축구선수가 꿈이었지만 집안 형편에 맞추다보니 자연스럽게 포기하게 되었다. 그 과정에서 본인이 많이 망가졌던 경험을 가지고 있었다. 그렇게 수많은 시간이 흐른 뒤, 아들의 꿈이 과거의 본인모습과 닮아있으니 그때의 기억에 본능적으로 반대를 하셨을 것이고, 어떠한 설득조차 들리지 않았을 것이다. 실패했던 본인의 모습을 닮지 않기를 바라셨던 것이다.

아버지의 시간을 알기 전에는 무조건적인 반대를 하는 아버지가 그저 미웠다. 그러나 '왜?'라는 것을 넣어보니 이해가 가기 시작했다. 그것이 아버지에게는 최선이었다는 것을 말이다.

어렸을 적 아버지는 나에게 있어 세상에서 힘이 가장 센 사람이었다. 모르는 것이 있으면 가장 먼저 알려주는 지식인이었고, 하지 못하는 것이 있으면 가장 완벽하게 해결해주는 맥가이버였다. 시간이 흘러 아이가 철없는 사춘기가 되자 세상에는 아버지 보다 강한 사람들이 널렸다는 것을 알게 되었고, 아버지는 알고 있는 것이 많지 않으며 할 수 있는 것들 또한 한정적이란 것을 깨닫게 되었다. 이런 아버지가 세상에서 가장 작은 존재로 보이기도 했다. 아이가 어른이 되자 그제야 아버지는 세상에서 가장 불쌍한 사람이란 것을 깨닫게 되었다.

10살 무렵, 아버지는 평소와 같이 출근을 하셨다. 불행은 예고 없이 찾아오는 법이다. 여느 날과 다름없이 출근하셨던 아버지는 근무 중 기계에 양 손이 빨려 들어가는 사고를 당하셨다. 다행히 같이 일하던 동료의 도움으로 온몸이 빨려 들어가는 최악의 경우는 피했지만 열 손가락이 절단되고 말았다. 봉합수술을 했지만 예전의 모습은 찾을 수 없었다. 신경을 끌어와 손가락은 일반인들보다 몇 배나 두꺼워졌고, 특히 심했던 오른손가락 몇 개는 절단을 피할 수 없었다. 그래도 가족 앞에서는 늘 웃으셨다. 그리고 완전히 회복되지 않은 몸으로 가족의 생계 위해 다시 그 현장으로 출근하셨다. 그렇게 항상 본인보다 가족을 위해 한 평생을 살아오셨다.

아버지를 표현하는 단어들이 많다. 친근하게는 '아빠'가 있을 것이고, 할머니께서는 '아범' 또는 '아비'가 있다. 최근 TV프로그램에서는 아버지를 '슈퍼맨'이라고 표현하기도 한다. 그 중 나의 아버지는 '가장'이라는 표현이 가장 잘 어울린다. '가장'은 대체로 한 가족에서 가장 항렬이 높은 남자로서 최연장자인 부(父) 또는, 조부(祖父)를 가리키는 말로도 사용되지만, 이러한 사전적 정의와 별개로 단순히 정도가 강한 표현으로 쓰이기 때문이다.

아버지란 세상에서 가장 힘들고, 가장 외롭다. 그렇기 때문에 우리가 가장 위로해 주어야 할 존재이다. 아버지는 표현에 서툴

뿐, 사랑하지 않는 것이 아니고, 사랑받고 싶지 않은 존재가 아니란 걸 기억해야 한다.

종종 '냉정하다', '현실적이다' 라는 말을 듣는다. 딱히 의식하고 하는 행동은 아니지만 오래된 친구들부터 처음 만나는 사람들에게서도 이런 말을 들을 때가 있다. 그럴 때면 왜 상대방이 나를 그렇게 느낄까 하는 생각을 해본다.

답은 아주 가까이에서 찾을 수 있었다. 내가 보아도 세상에서 가장 현실적이고, 현실적이기 위해 냉정해진 사람, 바로 나의 어머니를 내가 닮았기 때문이다.

어머니의 어린 시절은 매우 유복한 집안에서 생활했다. 8남매 중 넷째로 태어나 어린 시절엔 사극에서나 볼만한 양반가옥에 머슴을 부리며 살았을 정도였다. 그러나 가부장적인 할아버지께서 아들들의 학업에 모든 재산을 쓰면서 집안은 기울어지기 시작했고, 어쩔 수 없이 어머니는 서울로 올라와야만 했다. 한동안 판자촌을 옮겨 다니며 생활하셨다. 학교를 다니며 공부에 소질을 보이던 어머니는 학교 선생님의 지원을 받으며 공부를 하려 했지만, "여자가 무슨 공부냐!? 공부는 남자가 하고, 여자들은 나가서 돈이나 벌어 와라!"는 할아버지의 말씀에 더 이상 학업에 뜻을 두지 못하셨다. 공부의 길이 막히면서 어릴 때부터 동대문 평화시장을 중심으로 봉제공장을 다녔다. 그마저도 월급날이 되면 할아버지께서 기다리다 월급봉투도 **뺏어가** 남동생들 공부를 위해 모두 써 버리고 말았다.

힘든 시절 운명처럼 아버지를 만나 결혼을 하셨지만, 어머니의 진정한 고생은 오히려 결혼을 하면서 부터였다. 아버지께서는 6남매 중 첫째로 모든 집안일을 맡아 하셨고, 어머니께서도 첫째 며느리로서 온갖 힘든 일을 도맡아 하셨다. 그러던 어느 날, 아버지께서 아무도 모르게 처형의 남편인 형님에게 보증을 섰다가 빚을 떠안게 되었고, 그 빚은 고스란히 가해자의 가족인 어머니에게 돌아왔다. 어릴 때부터 티끌 모으듯 하나씩 하나씩 쌓아 나아가던 어머니의 경제적 상황은 다시 한 번 무너져버리고 말았다. 다행히 일은 잘 마무리 지을 수 있었지만 엄청난 빚을 떠안고 지방으로 내려와야만 했다.

그 뒤로 아버지, 어머니는 밤낮 할 것 없이 열심히 일을 하셨다. 그 와중에도 어머니는 우리 삼남매를 키우는 것도 소홀히 하지 않으셨다. 어디선가 정보라도 들은 날이면 시골에서라도 뒤처지면 안 된다며 학습지부터 자격증, 태권도, 미술, 피아노 등 온갖 학원을 보내며 할 수 있는 모든 것을 지원하셨다.

어머니는 세상을 즐기며 살아갈 수 없었다. 어떤 것이 더욱 이득인지 따져야만 했고 오랜만의 휴가라도 받은 날이면 쉬지 않고 농장, 과수원 등 가릴 것 없이 일을 다니셨다. 우리가 좀 쉬라고 말이라도 할 참이면 "이거라도 하지 않으면 당장 살기 힘들다."며 더 이상 말을 하지 못하게 단칼에 잘라버리셨다. 그러한 희생 덕에 지금은 다행스럽게도 그 때의 빚은 다 청산한 상태이다. 그럼에도 어머니는 평생을 그렇게 살아오셨기에 빚이 없는 현재도 그 때와 다르지 않다. 요즘도 가끔 주말엔 가까운 곳이라도 놀러가자고 말을 꺼내면 "돈은 하늘에서 나온다니?"라며 아주 냉정하게 딱 잘라버리신다.

어머니를 보고 있으면 신사임당이 떠오른다. 혹자는 신사임당을 모든 어머니의 표본이라 말한다. 물론 맞는 말이다. 율곡이이 선생을 훌륭하게 키워냈기 때문이다. 이외에도 신사임당은 '여자'로서, '화가'로서 훌륭한 인물이다. 그러나 당시 남존여비 사상이 강했던 조선 사회에서는 신사임당을 '현모양처'라는 틀 안에 가둘 수밖에 없었다.

나의 어머니 또한 그렇다. 훌륭한 재능을 가지고 있었지만 상황이 그녀를 만들어내지 못했다. 이 땅의 모든 어머니들이 이와 같으리라. 그렇기 때문에 율곡 선생을 키워낸 신사임당처럼 자식을 위하여 한평생 희생하는 어머니를 위대하다고 하는 것이 마땅하다.

얼마 전 까지만 해도 나는 나 혼자서 성장했다고 생각했다. 용돈이나 등록금을 받아쓰는 것보다 벌어서 쓰는 것이 더 편했다. 하고 싶은 것이 있으면 알아보고 찾아갔다. 하고 싶은 공부가 있으면 일단 하고, 싫은 것은 싫다고 표현했다. 모든 것이 '나'로 인하여 되는 줄만 알았다. 그러나 이러한 환경을 만들어 주는데 부모님들께서 얼마나 많은 시간과 노력을 쏟아 부었는지에 대해서는 단 한 번도 생각해 보지 않았다. 무엇보다 내가 하고자 하는 것들에 대한 신뢰만큼은 그 무엇보다 큰 힘이 되었다.

간혹 부모님과 같은 삶을 살 수 있을까에 대한 질문을 던져볼 때가 있다. 그에 대한 답은 항상 'NO'다. 예전에는 그런 삶이 싫었다. 본인의 인생은 없고 이리저리 치이며 오늘을 걱정하는 그런 삶. 그러나 그 이유를 알고 난 뒤에는 그렇게 하는 것이 더 힘들다는 생각을 하게 되었다. 그렇기에 부모님이 항상 고맙고 미안하다. 앞으로 그분들을 편히 해 주는 것이 내가 해줄 수 있는 유일한 보상이 아닐까? 지금은 그렇게 생각할 뿐이다.

고현철

- 자기계발 작가
- 웃음치료사

웃음과 유머로 시대와 소통(笑通)하는 강사, 고현철은 현재 웃음드림연구소 소장으로 폭 넓은 활동을 하고 있다. '어떻게 하면 사람들에게 웃음을 줄 수 있을까?' 필자는 우.숨.운동을 실천하는 방법 가운데 '웃음장수밴드'를 개발해 사람들에게 널리 보급하고 있다. 단순 웃음만을 전하기보다 진정한 행복을 전하고 싶었다. 대중과 소통(笑通)하며 즐거운 삶을 살고 나아가 많은 사람들과 함께 행복을 나누고 누리며 살고 싶어 웃음드림연구소를 만들었다. 진정한 행복은 '고난이 내게 유익이라'(시편119:71)는 말씀을 깨달을 때 무슨 일이든지 항상 즐거운 마음으로 최선을 다하며 항상 기뻐하며 사는 것이다.

_ KBS 아침마당출연 전국이야기대회 준우승
_ MBC 〈찾아라 맛있는TV〉 출연 '고박사크레페'
_ OBS 〈생방송 투유〉 리포터활동
_ OBS 〈도전 마이크 스타〉 인기상
_ MBC 공채 개그맨콘테스트 1차 합격 (42살)
_ 남양주 시장 표창장 수상
_ 위클리피플 인물지식가이드저널 소통 전문가 선정

E-Mail k3133483@naver.com

4장

고현철
Dream!ng

가장 큰 선물

구리시 사노동에 위치한 한나의 집에서 지체장애인분들을 위해 웃음치료 봉사를 하러갔다. 심청이가 인당수에 몸을 던져 심봉사(아버지)의 눈을 뜨게 한 것처럼 나도 이곳에 영혼을 던져 이분들의 마음을 붕 뜨게 하고 싶었다. 펑펑 웃게 해드리고 싶었다. 나는 봉이야! 1004봉사자 분들과 함께 노래, 악기연주, 춤, 타령, 웃음치료로 신나고 즐거운 천국잔치를 벌이기로 했다. 1004봉사단체 대표를 맡고 계신 발도사님의 권유로 내(필자)가 오프닝 사회를 맡게 되었다. 지체장애인 분들에게 복 많이 받으시라고 '기 장풍'을 발사했다. '기'를 받으신 분은 크게 웃기! 건강하고 싶은 만큼 크게 웃는 겁니다. '건강 발사' 푸하하하~ 이번엔 '행복 발사' 해해해해 ~ '사랑 발사' 깔깔깔깔~ '웃음 발사' 하하하하~ 오늘 인원은 한 40명 정도 되었다. 이 분들 가운데로 들어가 같이 웃기도 하고 덩실덩실 춤도 추었다. 한 장애인분은 헤비메탈처럼 계속 헤드뱅잉만 했다. 우리 공연팀에 합류시켜야 겠다.

분위기가 점점 고조되어 가고 있을때 어떤 장애인(남)분이 내 손을 잡고 놔주지 않는 것이다. 나하고 악수를 하고 싶어 그러는 줄 알고 내 손을 잡으라고 주었다. 나에게도 팬이 생겼구나! 생각하니 기분이 좋았다. 그렇게 신나는 웃음치료가 끝나고 자리로 들어왔다. 다음 진행자에게 바통을 넘기려는 순간, 나는 깜짝 놀랐다. 손목에 차고 있던 시계가 없어진 것이다. 공연(봉사)하다가 시계를 도둑 맞은 건 처음이다.

복지사님에게 시계가 없어졌다고 말했다. 복지사님도 당황해하며 금방 찾아주신다고 했다. 웃음 봉사를 하러 왔지, 시계 봉사를 하러 온 게 아니다. 꼭 찾아야 한다. 이 시계는 어디에서도 구할 수 없는 시계다. 명품시계보다 더 귀한 시계다. 이 시계는 세상에 단 하나밖에 없는

'눈부시계!'다. ♪눈이 부시게 푸르른 날은 그리운 사람을 그리워하자~

없어져도 걱정하지 않는다. 내 시계는 눈부셔서 금방 찾을 수 있다.

곧 복지사님이 시계를 찾았다고 말했다. 복지사님이 ♪눈이 부시게 아름다운 천사 같았다. 내 시계를 훔쳐간 사람은 내 손을 잡고 놓지 않았던 그 장애인(남)분이었다. 내 손을 잡고 놔주지 않았던 게 악수 할라고 그런 게 아니라 시계를 훔쳐갈라고 한 거였다니 .. 이수일과 심순애의 대사처럼 '김중배의 다이아몬드 반지가 그렇게도 탐이 났단 말이냐?' 나(필자)보다 내 시계가 더 탐이 났단 말인가? 조금 쓸쓸한 마음이 들었다. 그래도 빨리 찾았으니 천만다행이었다. 1004공연이 다 끝나고 원장님한테 시계 도난 사건

을 말씀 드렸다.

"그 친구가 시계를 워낙 좋아해요."

시계방을 차리려고 했나 보다. 그 분한테 시계를 선물하지 못해 미안한 마음이 들었다. 눈부시게 대신 눈부신 공연에 만족해하셨으면 좋겠다. 시계 도난 사건을 통해 깨달은게 있다. 시계는 돈 주고 살 수 있지만 여러분과 함께 한 소중한 시간은 돈 주고 살 수 없다. 잃어버린 시계는 다시 돌아왔지만, 오늘 이 시간은 다신 돌아오지 않는다. 한나의 집 원장님, 복지사님들, 지체장애인분들 그리고 바쁘신데 귀한 시간 내주신 1004봉사단체 출연자분들 모두 감사드리며 늘 건강하시고 여러분의 가정과 삶이 더욱 '눈부시게' 발전하길 소망한다.

생일파티를 위해 레크리에이션+웃음(마술)도구를 챙겨 서울 모 아파트 12층에 도착했다. 10명 정도의 아이들이 시끌벅적 노느라 정신이 없었다. 생일을 맞은 주인공 엄마와 친구 부모님은 주방에서 음식을 준비하고 계셨다. 오늘 생일을 맞은 아이 엄마는 아들(준서)생일파티를 위해 레크리에이션, 마술, 삐에로풍선, 장기자랑, 케리커쳐, 페이스페인팅 등 다양한 프로그램을 준비해 놓았다. 와~ 무슨 학교 수업도 아니구, 정말 대단했다. 오늘 생일인 준서와 생일을 축하해주러 온 친구들을 모두 방으로 들어오게 했다. 생일축하 노래도 불러주고 친구들이 준비한 선물도 전달했다. 이어 간단한 마술과 레크리에이션 게임을 하며 즐거운 시간을 보내고 있었다. 슈퍼맨 복장을 하고 생일 맞은 친구(준서)를 업어 주었다. 친구를 업고 방에서 뱅뱅 돌았다. 그런데 갑자기 아이들도 자기를 업어달라며 나한테 우르르 몰려왔다. 아이들은 내 허락없이 내 등에 올라타고 팔에 매달리고 목을 잡고 내 다리를 양쪽에서 찢기 시작했다. 아, 아~ 아이들은 내 다리 밑을 굴다리 처럼 통과했다. 마치 해적선에 끌려 온 것 같았다. 생일 날, 애들한테 큰 소리도 못치고.. 얘들아~ 제발 살려줘! 나 관절염 있어. 무릎 아파 제발~ 내려와! 목 부러져! 아, 아~ 옷 찢어져 C. 그래도 아이들을 위해 죽으면 죽으리라 각오로 끝까지 최선을 다했다. 슈퍼맨 체력이 완전 고갈 되었다. 생일파티를 하러 온 게 아니라 고문을 받으러 왔다. 더 이상 힘이 빠져 진행 할 수가 없었다. 빨리 집에 돌아가고 싶었다. 그렇게 힘들게 생일파티를 마치고 서둘러 갈 준비를 하고 있었다. 그런데 바지 주머니에 있던 내 지갑이 없어졌다. 헐~ 애들이 갖고 간 것이다. 아이들에게 가서 내 지갑을 빨리 돌려달라고 했다. 아이들은 모른다며 도망가 버렸다. 어떻게 해야하지? 아이 엄마한테 말해야 하나? 고민하고 있는데 오늘 생일 맞은 친구(준서)가 방으로 오더니 나에게 말했다.

"선생님, 지갑 여기 있어요,"

오~ 마이 지갑! 이런 걸 '병 주고 약 주고'(?)라 해야 하나. 골병든 데다 잃어버린 지갑을 찾아주었으니 말이다. 아이들이 장난친 걸 가지고 도둑으로 의심했던 게 괜히 미안했다. 잃어버린 것은 지갑이 아니라 내 정신 상태였다. 오늘 준서 생일도 축하할 일이지만 지갑을 갖다 준 정직한 준서를 더 축하해 주고 싶었다. 나에게 돌아온 지갑도 기뻤지만 나에게 돌아와 준 준서의 마음(정직)이 더 기쁘고 고마웠다. 오늘은 준서 생일이 아니라 내 생일이다. 맑은 정신으로 다시 태어난 날이다. 준서한테 선물까지 받았다. 앞으로 '지갑 잘 챙기라는 메시지'를 생일선물로 받았다. 준서야 고맙다!

  그 어떤 값비싼 선물(Present)보다 소중한 사람(준서)을 만날 수 있는 오늘 하루가 가장 큰 선물이다. 앞으로도 준서가 누구에게나 꼭 필요한 최고의 선물이 되길 바란다.

선물 주기를 좋아하는 자는 사람마다 친구가 되느니라

– 잠언19:6 –

시간은 흘러가는 것이 아니라 채워가는 것이다

– 존 러스킨 –

오늘은 두 번 다시 오지 않는다는 것을 잊지 말라

– 단테 –

뜨고 싶다면 이렇게 하라

··

  남양주시 장애인복지관 2층 오뚜기 문화센터로 웃음치료를 하러 갔다. 오뚜기 문화센터 안에 들어갔는데 몸이 뚱뚱하신 어르신이 한쪽에서 뜨개질을 뜨고 계셨다. 시간이 조금 있어서 어르신 뜨개질 하시는 걸 잠깐 구경을 했다.

  뜨개질 실력이 보통이 아니었다. 뜨아~ 손놀림도 빨랐다. 뜨개질 구경이 서울 구경보다 더 재미있었다. 뜨개질에 몰두(몰입)하는 모습을 보며 나도 뜨개질에 몰두하게 되었다.

  긍정 심리학자인 칙센트 미하이 교수는 "몰입을 잘 하는 사람이 행복하다"고 했다. 또 어떤 일에 몰두(몰입) 할 때 우리 몸에 도파민이라는 호르몬이 나온다고 한다. 도파민은 목표에 집중하게 해서 그것을 성취할 수 있도록 돕는 신경물질로서 삶의 의욕을 불러일으키고 그로인해 우리에게 즐거움과 행복감을 가져다 준다. 우울증 환자도 뜨개질 어르신처럼 어떤 좋은 것(웃음)에 몰입을 하게 되면 마음이 안정되고 건강하고 행복한 삶을 살아갈 수 있다.

  베토벤이 말했다. '자신의 불행을 생각하지 않게 되는 가장 좋은 방법은 일에 몰두하는 것이다' 행복은 일에 몰두(몰입)하는 사람에게 찾아오는 것이다.

어떤 작품(뜨개질)이 만들어질지 정말 기대가 되었다.

어르신은 연세가 60이라고 하셨다. 60이면 아줌마도 아니고 어르신도 아니고 어중간하다. 어르신보다 조금 어리시니까 '어리신(?)'인 것 같기도 하구.. 어쨌든 어르신 나이가

'예순'인데 솜씨는 '예술'이었다.

어르신한테 무엇을 뜨고 계신지 여쭤봤더니 본인 옷을 뜨고 계신다고 하셨다. 어떻게 해서 뜨개질을 하게 되셨는지 여쭤 보았다. 어르신은 본인(많이 뚱뚱하신 편임)에게 맞는 옷이 없어서 뜨개질을 배워서 직접 옷을 만들어 입는다고 하셨다. 옷 뿐만 아니라 목도리, 장갑, 가방, 모자까지 다양한 작품을 만들었다고 하셨다. 오뚜기 문화센터에 어르신이 직접 뜨개질하신 작품들을 봤는데 뜨개질 강사를 하셔도 될 것 같았다. 아니면 본인 이름(브랜드)을 걸고 뜨개질 장사를 하셔도 될 것 같았다.

열심히 뜨개질 하시는 어르신께 칭찬을 해드렸다.

"어르신, 빨리 뜨세요!(빨리 성공하세요!)"

본격적인 웃음치료가 시작되었다. 어르신도 뜨개질을 내려놓고

웃을 준비를 했다.

　마음의 문을 여는 시간!

"뜨고 싶으세요? 눈 크게 뜨세요! 지금 기분이 어때요?"

"좋습니다!"

"오뚜기 문화센터 오니까 기분이 어때요?"

"좋습니다!"

"집 나오니까 어때요?"

"좋습니다(?)"

"가출한 분들이 많이 오셨네요. 여러분 미래가 어때요?"

"좋습니다!"

"좋으면 박장대소 시작 하하하하하하하~ 매일 매일이 좋을 순 없지만 좋다고 생각해야 좋은 일이 생깁니다.

　목소리를 들어보면 여러분이 뜨는지 못 뜨는지 알 수 있습니다. 목소리는 열정입니다. 제(필자)가 '하나 둘 셋'하면 '야~!'라고 크게 외쳐주시기 바랍니다. 제가 제일 좋아하는 여자는 '야 한 여자' 입니다. '야 한 여자'는 몸매가 '야 한 여자'가 아니라 목소리로 '야' 하고 크게 소리 지른 사람입니다. 다 같이! 하나 둘 셋!"

　"야~~~~~~"

　뜨개질 아줌마가 제일 (크게)'야'했다. 열정이 금메달감이다. 어르신이 한 땀 한 땀 정성스레 뜨신 뜨개질 작품을 보고 이런 생각을 했다. 어르신은 몸집이 큰 게 아니라 마음이 크신 거였다. 비록 상황(뚱뚱한 몸)이 나에게 불리하더라도 유리한 쪽으로 만들어갔다. 어려운 현실(문제)에 부딪혔을 때 주저하지 말고 오뚝이처럼 다시 일어나 답을 찾아야 한다. 자동차 왕 헨리포드도 '어떤 문제의 잘못된 점만 찾지 말고 그것을 고칠 수 있는 방법을 찾으라고 했다.

바다에 큰 배가 뜰 수 있는 것은 부력(浮力)때문이라고 한다. 부력(浮力)을 사전에서 찾아보면 물체가 공기나 물에 뜰 수 있도록 작용하는 힘을 말한다. 어르신은 몸이 뚱뚱해서 바다(풍랑, 시련)에 가라앉지 않았다. 빠지지 않았다. 오히려 뜨고 있었다. 웃고 계셨다. 몸이 뚱뚱해서 맞는 옷이 없었지만 포기하지 않았다. 방법을 찾았다. 어르신이 가라앉지(포기하지) 않고 뜰 수 있었던 것(뜨개질 할 수 있었던 것)은 바로, 긍정의 부력(浮力) 때문이었다. 뚱뚱한 몸(불리한 상황, 어려운 상황)을 이길 수 있었던 것은 '뜰(할) 수 있다'는 마음가짐 때문이었다. 이 긍정의 부력(浮力)이 뜨개질을 뜨게 했고 어르신의 무거운 몸을 뜨게 했고 나아가 우리의 눈을 뜨게 했다.

뜨개질 어르신은 몸이 뚱뚱해서 몸에 맞는 옷이 없었다. 그러나 포기도 없었다. 좌절도 없었다. 절망도 없었다. 원망도 없었다. 탄식도 없었다. 금식도 없었다(?). 오직 '뜰 수 있다'는 부력(浮力)만 있었다. 어르신에게 오늘 뜨는 법을 배웠다.(뜨개질은 아님) 아무리 큰 배도 사공의 작은 키로 움직인다. 아무리 어렵고 힘든 상황에 있더라도 절대 포기하지 말자. 우리에겐 어떠한 큰 배(큰 문제)도 뜨게 만드는 키(Key)가 있다.

"나는 뜰(할) 수 있다"는 마음가짐이다. 사람이 키가 자라듯 "나는 뜰(할) 수 있다"는 마음의 키(Key)가 더욱 자라야 한다. 집에 키(Key)를 잃어버리면 집에 못 들어가듯이 "나는 뜰 수 있다"는 마음의 키(Key)를 잃어버리면 행복의 문에 들어갈 수가 없다. 이 키를 절대 잃어버리지만 않는다면 우리 인생은 평생 뜨고 살 수 있다.

지하철(중앙선)을 타고 집으로 가고 있었다. 맞은편에서 한 외국인 어르신(?)이 열심히 뜨개질에 몰두(몰입)해서 뜨고 계셨다. 오늘이 뜨개질의 날인가? 뜨개질 하는 광경을 하루에 2번씩이나 보다니 진짜 뜨겠는데? 자세히 보면 KFC를 설립한 '커넬 샌더스' 회장님을 닮은 것 같았다.

외국인 어르신이 자리를 뜨기 전에 기념으로 사진을 찍었다. 나도 이 외국인 어르신처럼 뜨고 싶어서다. 내 인생의 뜨개질 멘토다. 지하철에서 뜨개질하는 여자 분은 가끔 본 적은 있는데 외국인이, 그것도 남자가 뜨개질 하는 것은 처음 봤다. 보는 것만으로 감동과 도전이 되었다. 외국인 어르신은 뜨개질에 계속 몰입하고 계셨다. 훌륭한 작품은 훌륭한 장소에서 나오는 것이 아니라 훌륭한 생각에서 나오는 것이다.

에베레스트 산을 정복한 힐러리 경에게 기자가 물었다.

"에베레스트 산을 어떻게 올라갔습니까?"
"한 발, 한 발 올라갔습니다. 그러다보니 정상이 되었습니다."

뜨고 싶다면 어려운 현실과 맞짱을 뜨자! 고난과 맞짱을 뜨자! 나에게 닥친 시험과 유혹에 맞짱을 뜨자! 게으름과 맞짱을 뜨자! 창피함과 맞짱을 뜨자! 불가능과 맞짱을 뜨자! 못하겠다는 부정적인 생각과 맞짱을 뜨자!

'뜰(할) 수 있다'는 긍정의 부력(浮力)으로 한 발 한 발 꿈을 향해 나아가자! 한 땀 한 땀 정성을 다해 마음에 간직한 꿈들을 뜨자! 눈을 뜨고 일어나보니 어느샌가 뜨게(스타) 되어 있을 것이다.

> 긍정적인 생각을 가진 사람은 문제를 두려워하지 않기 때문에
> 언제나 긍정적인 결과를 얻는다.
> -노만 빈센트필 -

> 성공은 당신에게 오지 않는다. 당신이 성공에게 가는 것이다
> - 마르바 콜린스 -

할 수 있는 능력이 있는데도 불구하고
당신이 원하는 발전을 이루지 못하는 것은
당신의 목표가 분명하지 않기 때문이다.
– 폴 마이어 –

발이 스타!

엄마가 점심에 라면을 끓여주셨다. 거실에 앉아서 발을 뻗고 편하게 라면을 먹고 있는데 이게 왠 날 벼락인가? 아니 발 벼락이다. 엄마가 내 발을 밟고 지나갔다. 아, 아~ 너무 아팠다. 라면 맛이 죽을 맛이었다. 엄마한테 강력하게 항의했다.

"발을 밟고 가면 어떻게 해?"

엄마는 오히려 '내 발에 걸려 넘어질 뻔 했다'며 나에게 화를 냈다.

"아이~ 발톱 빠질 뻔했네."

울 뻔 했다. 엄마가 내 발을 밟고 먼저 선수를 쳤다. 선수다! 우기기 선수! 그래서 나도 엄마에게 복수를 하기로 했다. 귀 만지는 걸 좋아하는 나는 엄마에게 당장 다가가 엄마의 귀를 잡아 당겼다. '으이구! 귀여워~ 귀돌아~' 엄마는 손 치우라고 효자손으로 쫓아냈다.

"귀여우니까 봐주는 거야, 귀돌아!"

엄마는 우기기 선수, 나는 웃기기 선수. 누가 내 발을 밟았을 때 나라면 어떻게 할까? 전에 아침마당에서 윤○○ 교수님이 하셨던 말씀이 생각났다. 상대방이 발을 밟았을 때 먼저 이렇게 얘기하라

"발밑에 발 넣어서 미안해요."

정말 멋진 '발상'이다. 발을 걸면 넘어지고 말을 걸면 넘어 온다. 발보다 빠른 게 말이다. 발을 밟았으면 발 빠르게 사과하고 발을 밟혔을 땐 지압 받았다고 생각하고 부드러운 말로 넘어가 주자. TV를 보면 잘나가는 많은 스타들이 있다. 한류 스타, 아이돌 스타, 스포츠 스타, 최고의 톱스타까지.. 그리고 우리 삶 속에서 발빠르게 활동하고 있는 최고의 스타가 있다. 바로, '발이 스타'다 노래 잘하고 춤 잘 추고 연기 잘하는 사람만이 스타가 아니다. 버스나 지하철 등에서 상대방 발을 밟았을 때 발 빠르게 사과하고 발을 밟혔을 때 너그럽게 넘어가는 사람이 진정한 '발이 스타'다. 본의 아니게 상대방의 발을 밟을 때가 있고 밟힐 때가 있다.피차 서로 용납하며 '발이 스타'처럼 하하하~ 발 빠르게 웃으며 넘어가 주자.

며칠 전, 중앙선 지하철을 타고 앉아서 가게 되었다. 내 옆에는 딱 봐도 조폭인 것 같은 형님이 앉아 있었다. 팔에도 용 문신이 있었다. 몇 정거장을 지났을 때, 나도 모르게 실수로 옆에 앉아있던 조폭의 발(구두)을 밟았다. 헐~ 순간 깜짝 놀랐다. 대형 사고다. 곧바로 일어나 90도로 고개를 숙여 사과를 했다.

"형님, 죄송합니다."

조폭 형님은 손으로 구두를 닦으며 말했다.

"괜찮아, 그럴 수도 있지."

이 조폭도 '발이 스타'다. 조폭은 발 밟은 나를 밟아 버리지 않고 아무 조건 없이 용서해 주었다. 반대의 경우를 생각해보자. 조폭이 내 발을 밟았다. 그런데 누가 조폭한테 '아 C발, 너 오늘 죽었어!' 얼굴 붉히고 맞짱 뜨자고 할 사람은 별로 없을 것이다. 맞짱 뜨면 내가 세상을 뜬다. 조폭한테 큰 소리 치지 못할 거면 누구한테든 화내지 말자. '발이 스타' 조폭형님처럼 '그럴 수도 있지' 너 그렇게 이해하고 용서해주자. 발이 스타니까!

대리 기사하는 친구가 있다. 새벽 3시경 손님(사장님)을 태우고 시우리(산) 고개 못가서 손님을 내려 드리고 막 가려고 하는데 손님이 친구를 붙잡으며 말했다.

"시우리(산) 고개를 넘으면 1만원을 더 주겠다"고 했다. 친구는 돈 1만원의 유혹 때문에 험난한 시우리 고개를 넘어가게 되었다. 고개를 넘어 손님을 내려 드리고 친구는 산꼭대기에서 밑에까지 걸어 내려와야 했다. 내려오면서 엄청 후회가 됐다고 했다. 차로 올라가면 5분이면 갈 수 있는 거리가 시우리 산꼭대기에서 밑에까지 내려오는데 한참이 걸렸다고 했다. 새벽 3시 시우리 산에 사람 하나도 없었다. 불빛이 하나도 없었다. 완전 깜깜해서 내려오는데 앞이 잘 보이지 않았다. 할 수 없이 핸드폰 불빛으로 내려가는데 무서워서 도저히 내려 갈 수 없었다고 했다. 이대로 내려가다간 죽을 것 같았다. 그래서 손에 짱돌을 집어 들고 내려갔다고 했다. 그 때 마침, 시우리 산꼭대기에서 택시 한 대가 내려오고 있었다. 친구는 너무 반가워서 택시를 보고 반갑게 손을 흔들었다. 그런데 택시 기사는 친구를 보고 기겁을 하고 쏜살같이 도망갔다고 했다. 친구는 어이가 없었다. 택시기사도 친구를 보고 많이 놀랐을 것이다. 누가 새벽 3시 깜깜한 산속에 있을 거라 생각이나 했겠는가? 친구는 그렇게 시우리 산꼭대기에서 30분을 걸어 내려왔다고 했다. 며칠 후, 친구는 발톱이 살로 파고 들어갈 정도로 심각해 병원에 다녀왔다고 했다. 의사 선생님이 말하길 '발톱무좀'이라고 했다. 친구는 발톱무좀은 처음 들어보는 거라고 했다. (발톱무좀 : 발톱이 살을 찌르는 무좀) 친구에게 '담배 펴서 그런 것 아니냐'고 했더니 친구는 극구 부인하며 옛날에는 이런 게 없었는데 대리기사일 하면서 많이 걸어 다녀서 생긴 것 같다고 했다.

친구에게 말했다

"많이 걸어서 발톱무좀이 생긴 거면 아프리카 마사이 부족은 다 발톱무좀 환자들이겠네.. 아무튼 여하튼 하여튼 돈 1만원 때문에 또 미련하게 산꼭대기에서 걸어 내려오지 마라. 발이 건강해야 발 빠르게 일도 할 수 있고, 돈도 벌수 있다. 발이 중요하다! 발 관리 잘해라.

혹, 새벽에 산꼭대기에서 택시 없으면 나한테 전화하고.. 발 관리 잘해라. 발이 스타니까!"

대한민국 국가대표 축구선수 박지성도 무명시절이 있었다. 무명시절 박지성은 '주전자 인생'이었다. 경기가 끝나면 선배들에게 '주전자'에다 물도 떠다 주고 심부름도 해주었다. 그런 그가 세계적인 명문구단인 영국 맨체스터 유나이티드에 입단해 '주전'으로 활약하면서 세계적인 축구 스타가 되었다. 무명시절 '주전자' 를 들고 뛰어다녔던 박지성이 '주전'으로 뛸 수 있었던 이유는 '자'빠졌기 때문이다.('주전자'에서 '자'를 빼면 '주전'이 된다) 아무에게 도 '주목'받지 못했던 박지성 선수가 우리나라를 넘어 전 세계에 ' 주목'을 받으며 국민영웅이 되었다. 박지성은 넘어져도(자빠져도) 다시 일어나 뛰었다. 더 열심히 뛰었다. 그리고 이런 말을 했다.

"뛰다가 넘어지더라도 무릎을 꿇지 않겠다!"

발은 달릴 때가 가장 아름답고 위대하다. 그러나 발이 느린 거북이한테 '야, 빨리 좀 달려' 라고 하면 거북이는 거북해 할 것이다. 각자의 걸음이 있고 각자의 웃음이 있다. 거북이는 거북이답게, 나는 나답게 최선을 다해 푯대를 바라보고 달리는 것이 중요하다.

거북이하고 바다에서 달리기 시합을 해보자. 누가 이길 것 같은가? 당연히 거북이다. 땅에서는 느리지만 바다에서는 빠르다. 거북이는 느린 게 아니라, 우리랑 다른 거다. 남을 폄하 하지도 말고 남과 비교하지도 말자. 남의 시선은 중요하지 않다. 내일을 위해서 내일을 열심히 할(달릴) 뿐이다. 각자 자기 위치에서 최선을 다해 달리자. 비록 걸음은 느리지만 거북이가 잘하는 게 하나 있다. 바로, 아름다운 발자취를 남긴다는 것이다. 진정한 발이 스타는 남을 이기는 것이 아닌, 남을 위해 베풀며 사랑을 전하는 발인 것이다.

기록된바 아름답도다. 좋은 소식을 전하는 자들의 발이여.
– 로마서 10:15 –

웃음치료 물리치료 재활치료

ㅎ웃음센터에서 매주 목요일 웃음치료를 한다. 목요일은 목숨 걸고 웃는 날이다! 이 곳에는 암환자 분들, 우울증 환자 분들, 해골이 복잡한 분들, 스트레스 받은 사람들, 피곤한 사람들, 아무 생각이 없는 사람들, 화(火)가 충만한 사람들.. 누구나 와서 같이 웃고 즐기고 힐링하는 시간이다. 사람들은 웃을 일이 없다고 말한다. 웃을 일이 없는게 아니라 웃을 마음이 없는 건 아닐까? 또, 시간이 없다고들 한다. 시간이 부족한게 아니라 시간을 낭비하고 있는건 아닐까? 우리가 일을 해야 먹고 산다. 성경말씀에도 누구든지 일하기 싫어하거든 먹지도 말게 하라(데살로니가후서3:10)고 했다. 일이 없으면 여기 저기 일을 알아보고 구하러 다녀야 한다. 집에 하루종일 쳐박혀 있으면 하루방이다. 가나안 농군학교에서는 들어가는 입구에 돌들을 세워놓았다고 한다. 돌도 누위있으면 안 된다는 것이다. 서서 일해야 한다. 돌도 일하는데 사람은 말할 것도 없다. '일'이 없을 땐 '일이 오너라!' 크게 부르면 일이(이리) 온다. 웃음도 마찬가지다. 항상 웃을 순 없다. 찾아보면 웃을 일들은 얼마든지 있다. 구하고 찾고 두드려보자. 이미 내 안에 기쁨이 채워져 있을 것이다. 우리가 사는 목적은 행복하기 위해서다. 그

러기 위해서는 먼저 웃찾사(웃음을 찾는 사람들)가 되어야 한다.
사람들이 로또를 사는 이유는? 대박을 기원하기 때문이다. 설령
이번 주에 산 로또가 꽝이라고 해서 내 기분이 '꽝'하고 폭발하지
않는다. 로또가 안 맞았다고 안 사는 것이 아니다. 또 산다. 왜냐
하면? '로 또'니까! 또 사는 것이다. 될 때까지 산다. 언젠가는 맞
을거라는 기대를 갖고 있기 때문이다. 대박이 나서 행복한게 아니
라 로또가 맞을 것을 기대(희망)하기 때문에 행복한 것이다. 행복
해서 웃는 것이 아니라 웃기 때문에 행복하다.(윌리엄 제임스)
  어떤 부부의 대화이다. 남편이 아내에게 말했다.

"당신은 로또 같은 사람이야!"

아내는 남편의 말에 감동하며 기뻐했다. 남편이 또 말했다.
"하나도 안 맞아!"
  부부가 안 맞는다고 안 사는 게 아니다. 서로 양보하고 이해하
며 맞춰가면서 사는 존재다. 언젠가는 맞을거라는(행복할거라는)
기대를 갖고 끝까지 서로 사랑하며 행복을 완성해 가는 것이다.

'부부는 둘이 한 몸을 이룰지로다'
-창세기2:24-

웃음은 로또와 마찬가지다. 지금 당장 웃을 일이 없지만 웃으면

복이 오고 웃으면 웃을 일이 생기는 것이다. 웃음을 믿고 그냥 웃는 것이다. 로또 당첨확률을 두 배로 높이는 방법이 있다. 로또를 두 장 사면 된다. 세 배로 높이려면 세 장 사면 된다 .. 내 말이 꼭 맞는 건 아니니 참고만 하시길! 웃음도 한 번 웃는 것보다 두 번 웃는 것이 낫고 두 번 웃는 것보다 세 번 웃는 것이 낫다.

숨쉬기 운동처럼 웃음을 우.숨.운동이라고 생각하고 일부로라도 웃자. 그냥 웃자. '웃자'가 '효자' 역할을 하게 될 것이다. 너소나소우소!란 말이 있다. 너도 소중하고, 나도 소중하고, 우리 모두 소중하다. 생명(건강)을 소중하게 생각한다면 우.숨.은 어려운 일이 아니다. 호랑이를 잡으려면 호랑이 굴로 가야하고, 물고기를 잡으려면 물가에 가야 한다. 하지만 행복을 잡으려면 멀리 갈 필요가 없다. 지금 당장 웃기만 하면 한다. 이것이 '웃음치료'다.

〈괴테 -충고〉
너는 자꾸 멀리만 가려느냐
보아라 좋은 거란 가까이에 있다
다만 네가 잡을 줄만 알면
행복은 언제나 거기 있나니

웃음센터에 30여분 정도가 오셨다.

"오늘 여기 처음 오신 분 손들어 보세요? 손 안 드신 분, 오늘 여기 두 번 오셨나 봐요(?) 새벽에 왔다 가신 것 같습니다. 정신이 왔다 갔다 하는 것 같습니다. 날이 더우니까 이해하세요. 오늘 날씨 더우세요? 더 웃으세요. 하하하하~ 누가 옆에서 '덥다'고 말하면 즉시 '안 덥다' 라고 말하세요. 그럼 안 덥습니다. 남들이 덥다고 할 때 나는 안 덥다. 이것이 살아남는 방법이다. '더위'를 이기는 방법은 '더 위'(꼭대기)에서 내려다보면 됩니다. 오늘 여기에 웃음을 사랑하는 분들이 오셨습니다. 이곳을 사랑하는 분들이 오셨습니다. 저를(?) 사랑하는 분들이 오셨습니다. 옆 사람 손을 잡으시고 위로 올리면서 사랑합니다. 사랑합니다. 사랑합니다. 세 번을 크게 외치겠습니다. 시작! 사랑합니다. 사랑합니다. 사랑합니다. 박수~ 옆 사람 손을 꽉 잡으세요. 안 잡으신 분은 소매치기입니다. 다 잡으시고 따라 합니다. 우리는 절대로 떨어지지 않겠습니다. 왜냐하면 사랑하니까~ 박수 세 번 시작! 짝짝짝(?) 금방 떨어졌네요. (옆사람 보고)우리 잘해봅시다. 너나 잘하세요. 우리는 하나가 될 수 있습니다. 다시 손 꽉 잡으시고 이번엔 절대 떨어지시면 안 됩니다. 무슨 일이 있어도 옆에 친구(짝꿍)와 절대 떨어지지 마시길 바랍니다. 좋은 친구가 있다는 것이 얼마나 감사하고 행복한지 모릅니다. 친구 한 명당 1년을 즐겁게 살 수 있다고 합니다. 친구가 10명 있으면 10년을 즐겁게 살 수 있다고 합니다. 친구가 100명이면 100년을, 1000명 있으면 천 년(?)을 ..친구따라 천국 갑니다. 친구가 명당이고 천당입니다. 좋은 친구(사람)가 많이 있으면 웃을 일도 많습니다. 친구는 웃음입니다. 좋은 친구를 얻는 방법은 간단합니다. 내가 먼저 좋은 친구가 되는 겁니다. 내

117

가 먼저 웃어주면 됩니다. 웃음은 살아있는 자의 특권입니다. 웃음과 절대 떨어지지 마시길 바랍니다. 웃음과 떨어지면(멀어지면) 밥 맛 떨어집니다. 면역력 떨어집니다. 의욕 떨어집니다. 자신감 떨어집니다. 사기 떨어집니다. 친구가 떨어집니다. 돈 떨어집니다. 힘도 떨어집니다. 다 떨어집니다. 행복과 영원히 떨어져 지내게 됩니다. 웃음을 가까이하면 행복도 가까이 있고 웃음을 멀리하면 행복도 멀 ~ 리 있습니다.

적을 물리치려면 창과 방패가 있어야 합니다. 우리의 적인 암, 질병, 스트레스, 걱정, 근심, 두려움, 시기, 질투, 미움, 불평, 불만, 원망, 분노, 부정적인 것들을 물리치려면 정신적 물리치료를 받아야 합니다. 첫 번째 치료가 '가라 와라' 치료입니다. 나이 많은 어르신들이 제일 좋아하는 폭포가 있습니다. '나이야 가라' 내 안에 슬픔, 상처, 질병, 근심, 걱정, 우울증, 스트레스, 두려움, 분노, 미움, 부정적인 생각들을 당장 '가라'고 쫓아내는 겁니다. 이제 나한테서 '가라'고 크게 외치겠습니다. 제가 부정적인 단어를 말하면 여러분은 '가라' 이렇게 크게 외치겠습니다.(강사가 선창) 나이야, (다같이)가라! 안 갑니다. 소리가 작으면 안 갑니다. 더 크게 '가라'고 외쳐보겠습니다. 나이야, 가라! 질병아, 가라! 피곤아, 가라! 근심아, 가라! 우울증아, 가라! 관절염아, 가라! 스트레스야, 가라! 슬픔아, 가라! 질병아 가라! 미움아, 가라! 원수야, 가라! 박수~ 이번엔 반대로 외쳐보겠습니다. 나쁜 것들을 다 내보냈으면 좋은 것들을 내 안으로 불러오도록 하겠습니다. '가라'의

꿈꾸는자들의 이야기 Dreaming 2

118

반대는 '와라', '와라'를 큰 소리로 외친 다음 크게 웃도록 하겠습니다. (강사가 선창)건강아, (다같이)와라! 안 옵니다. 소리가 작으면 안 옵니다. 다시 크게 외치겠습니다. 건강아, 와라! 하하하하 ~ 행복아, 와라! 하하하하~ 사랑아, 와라! 하하하하~ 웃음아, 와라! 하하하하~ 이렇게 '물리치료'를 계속 받다보면 적들을 다 물리칠 수 있습니다. 이어 행복의 주문을 외치십시오! 행복을 주문하면 행복이 옵니다. 링컨이 말했다. '사람은 자신이 행복하기로 마음먹은 만큼 행복하다.' '암'은 '암 것'도 아닙니다. 어떤 상황에 처해 있더라도 '나는 행복하다'고 말하십시오. '나는 행복하다'고 믿으십시오. '나는 행복하다'고 선포하십시오. 암 걱정하지 말고 나를 더 사랑하십시오. 상처보다 깊은 게 사랑이라고 했습니다. 사랑은 어떤 질병(고통)도 이길 수 있는 힘이 있습니다. 암에 잘 걸리는 사람은 어떤 사람일까요? 따라해 보겠습니다. 암, 암, 암 .. 입을 굳게 닫고 있는 (열지 않는)사람입니다. 웃지 않는 사람은 얼굴이 어둡기 때문에 '암(暗)'에 잘 걸립니다. 나카야마 다케시가 쓴 '나는 행복한 암환자입니다' 책에 보면 실제 말기암 환자들에게 일어난 기적을 소개하고 있습니다. 15명의 말기암 환자들은 시한부 말기암 판정을 받고도 '나는 행복한 암환자입니다' 라고 생각하며 살고 있다고 합니다. 아무리 말기암 환자라도 나는 행복하다. 나는 행복한 말기암환자다. 지금의 자신을 더 사랑하고 감사하며 웃고 살았더니 기적 같은 일들이 일어났다고 합니다. 몇 개월 밖에 못 산다고 했던 말기암환자 분들이 3년, 5년, 10년 넘게 고통

없이 건강한 삶을, 행복한 삶을 살아가고 있다고 합니다. 말기암 환자 분들의 암세포를 찍어봤더니 암이 완전히 사라진 분도 계셨고 몸속에 암이 그대로 있지만 암과는 상관없이 장수했다고 합니다. '소망이 지극하면 죽음도 피해간다'는 속담이 있습니다. 어떤 불행(죽음) 앞에서도 소망을 가져야 합니다. '나는 행복하다' '나는 행복한 암환자입니다'라고 살아간다면 건강은 무엇보다 행복에서 찾을 수 있습니다. 아무리 '말기 암'이라도 이제부터는 절대 포기하지 말기. 절망하지 말기. 삶의 끝은 포기하는데 있고 삶의 시작(행복)은 '포기하지 말기'에 있습니다. 포기하지 않는다면 '절망'은 '절대로 망하지 않습니다.' 이것이 암(질병)을 물리칠 수 있는 기적의 '물리치료'입니다.

또 '재활치료'가 있습니다. 이 치료약은 약국엔 없습니다. 우리 몸에 있습니다. 우리 몸에는 완벽한 약국이 있어 어떤 병도 치료할 수 있는 강력한 약을 가지고 있다. 그것은 '웃음'이다 (노먼커즌스) 어떤 것이든 재활용(재창조)을 잘해야 합니다. 우리가 어렸을 때 엄마한테 배가 아프다고 하면 엄마가 배에다 손을 얹고 문질러 주었더니 신기하게도 배 아픈 것이 사라졌던 기억이 있을 겁니다. 아픈 것(고통)이 사라진 이유는 엄마의 사랑이 손으로 전해졌기 때문입니다. 상처보다 깊은게 엄마의 사랑입니다. 사랑이 상처를 치유할 수 있습니다. 그래서 '엄마 손이 약손'이라고 했던 것입니다. 결국 엄마가 약국인 셈이죠. '엄마 손이 약손' 인 것처럼

'우리 손도 약손'입니다. 언제까지 엄마 손을 내 배에 갖다 댈 수는 없는 일입니다. 엄마대신 우리도 엄마의 마음으로, 해바라기의 사랑으로 배(아픈 곳)에다 손을 대고 문질러 주십시오. '나는 내가 좋다' '나는 내가 아무 조건 없이 좋다' '나는 좋아질 것이다' '나는 나아질 것이다' '나는 행복한 사람이다' '현철아 사랑해.' 그런 다음 두 손으로 두드려 주며 웃는 겁니다. 다 같이 재활치료 시작! (아픈 곳을 두드리며)하하 호호호 호호 하하하 ~하하 호호호 호호 하하하~ (이렇게 몇 차례 더 반복을 한다) 웃으면서 하세요! 웃어야 낫습니다! 동의보감에 '웃음이 보약보다 낫다'는 말이 있습니다. 이 말은 웃음이 질병보다 낫습니다. (옆 사람 보고) '잘 났어 정말!' '재활용(再活用)'은 다시 살리는 것입니다. 회복시키는 것입니다. 재미있게 다시 활동할 수(살아갈 수) 있도록 용쓰는 겁니다. 웃는 겁니다. 머리의 용도는 들고 다니라고 있는 게 아니라 쓰라고 있는 것입니다. 손의 용도는 달고 다니라고 있는 게 아니라 (손뼉)치라고 있는 것입니다. 얼굴의 용도는 세수만 하라고 있는 게 아니라 웃으라고 있는 것입니다. 사람이 '용'되는 방법은 간단합니다. '웃어용' 인생을 재미있게 활력 있게 사는 가장 간단한 방법은? '재활용'하라. '재'를 활용하라! (재미있는 모든 것 : 옆 사람, 친구, 가족, 동료, 이웃, 자연, 동물, 모든 것)'재활치료'는 우리의 삶에 재미와 활력을 맘껏 불어 넣어 줄 것입니다. 후~"

행복이란 무엇보다 건강 속에서 찾을 수 있다.
– 커티스 –

질병은 천개나 있지만 건강은 하나밖에 없다.
– 뵈르네 –

건강은 병이 찾아올 때까지는 그 소중함을 모른다.
– 토머스 풀러 –

최고의 의사는 질병을 다스리는 것이 아니라
먼저 사람의 마음을 다스리는 사람이다.
마음을 치료하면 약을 먹기 전 병은 이미 낫는다.
– 동의보감 –

4장
- 고
현
철 -
D
r
e
a
m
!
n
g

김세령

- 자기계발 작가
- 덕후 강사

16살에 꾼 꿈을 실현해가는 덕후 강사 겸 작가 김세령. 20대 초반에 진행한 사업의 실패, 30대에 재도전과 성공까지 우여곡절이 많았다. 땀은 배신하지 않았지만 뜻하지 않던 질병과 재활이 찾아왔다. 그 이후 원치 않은 단절을 했으나 경계를 넘고, 벽을 뚫으면 긴 터널 같은 좌절의 문을 열고 나와, 지금은 당당하게 제2의 인생을 멋지게 진입했고 400회 이상의 대중 강의로 다시 일어섰다. 앞으로는 다양한 계층과의 만남을 통해 인생의 가치를 이야기하고 대안을 모색하는 강사이자 작가로 나아가고 싶다.

_ FRoZion 대표
_ 주)아이비코리아 부원장
_ 전화영어 마케팅팀장
_ CUTCO코리아 지점장 /교육담당
_ 서울여대에서 공부

E-Mail   ie5e3@daum.net

꿈꾸는 자들의 이야기

Dream!ng 2

5장

김세령
Dream!ng

미래는 준비한 만큼 얻을 수 있다

미래의 준비는 지금 하는 것이다. 그러기 위해 과거와 현실을 분석해 미래를 준비해야 한다.

산업혁명이라는 기준으로 시대를 나누어 보고자 한다. 일반적으로 1차 산업혁명은 1784년 증기기관과 기계화로 시작되었다. 이런 단순한 기계화로 인해 노동력의 패러다임이 시작되었다. 블루칼라의 축소도 있었지만 소멸되지 않고, 새로운 시대에 변화로 적응하였다. 예를 들어 마차를 운행하던 노동자들이 지금은 자동차를 몰고 있는 현실로 변화는 했지만 소멸되지는 않았다. 단, 모양을 바꾼 것이다.

2차 산업혁명 분류하는 것은 1878년 토머스 A. 에디슨의 백열전구의 발명과 전기의 사용과 자동차 왕, 핸리 포드가 도입한 컨베이어 벨트로 생긴 대량화로 부의 편중이 시작 되었고, 변화 속에 새로운 시대에 계층이 시작 되었다. 그때도 그 시점이 현실이었던 사람들 중 일부는 미래의 방향성을 찾고 준비하였다.

에디슨이 시작한 GE [종합전기 회사-Edison General Electric Company]는 지금은 백색가전회사가 아니다. 빅 데이터를 이용한 4차 산업의 주도적인 플랫폼회사로 탈바꿈을 했다.

1969년에 일어났던 3차 산업혁명은 컴퓨터와 정보통신기술
(ICT)을 통한 자동화 생산시스템이 당시의 시대를 주도했다. 우리
나라는 이 시기에 전후 세대인 베이비부머들이 산업을 일으켜 "한
강의 기적"을 일으켰다. 엄청나게 빠른 경제성장과 발전을 하던
시대이다.

베이비부머들의 경제 성장 속에서 태어난 나는 X세대이다.
1960년대에서 1985년 시기에는 전쟁 후의 고통과 산업의 성장
의 격변 시기였지만, 경제적으로는 가정의 모습들이 조금 비슷비
슷한 상태였다. 당시 사회 분위기는 시키는 것을 잘하는 것이 순
종적이고, 성실하기만 하면 좋은 인재상이였다. 2017년에 원하
는 미래 인재상과는 상당한 거리가 있는 사회 분위기였다. X세대
는 사회적 성장에서 생기는 전반적인 풍요로 대학공부를 하였다.
대학을 졸업 후 직업을 선택하기에도 그렇게 어렵지 않았다. 자기
중심적인 사고를 하며 경제적인 성장 속에서 풍요를 느낄 수 있는
세대였다.

그러나 한국 IMF 외환위기를 통해 자신의 선택과 상관없이 명
예 퇴직되거나, 벤처 붐으로 준비하지 못하고 시작한 사업의 좌절
을 맞보게 되었다. 그때까지도 시대가 변화하는 요구를 읽지 못한
사람들은 미래를 준비하지 못했다.

가지고 있던 자본들을 투자해서 벤처를 만들었다. 창조적인 사고로 실패를 경험해 보지 못한 세대들은 상당수가 사업에 실패를 했다. 절벽 같은 막막한 좌절감을 맛보았다. 경제적인 타격을 받았고, 더 투자할 돈과 시간이 없음을 알게 되었다. 그러다 보니 이후 Y세대와 에코 세대에게는 안정을 중요한 미덕으로 교육하는 분위기가 생겼다. 예를 들어 "저 사업을 하려고요"라고 가족들에게 이야기 한다면, 어떤 말을 들을 수 있을까? 정말 훌륭한 생각이라고 격려를 받는 분위기일까. 그런 분위기를 인정하는 분들도 있다. 그러나 전반적인 분위기는 아니다. 염려와 걱정이라는 배려 속에서 미래를 현실로 닫고 있는 경우가 많다.

이런 분위기가 있는 현재가 바로 미래를 준비 할 수 있는 소중한 기회의 시간이다. 그래서 미래의 준비는 지금 해야 하는 이유이다. 우리 사회는 4차 산업의 미래 시대에 대한 고민과 방향성에 대한 구상을 진지하게 해야만 미래가 보일 수 있다.

2016년, 세계경제포럼에서 클라우스 슈바프 회장이 주목하라고한 4차 산업혁명의 시대는 세상의 모든 것이 인터넷과 연결되는 시대로 각종 데이터가 수집, 축적, 활용되는 시대로 기존의 틀과 방어적 태도로는 다음 단계를 넘기 어려울 것이라는 것이 보고 있다.

그러면 미래가 우리에게 요구하는 방향성은 무엇인가? 그 중 산업적인 기준으로 시대를 나누어 보는 입장에서 현실적 준비는 무엇이 있을까?

기계와 공존해야하는 산업 환경에서 가장 인간적인 면의 관찰과 성장, 독특성을 발견해 내는 것이다. 미래의 산업의 문제는 승자 독식 구조로 형성될 수 있다. 그래서 먼저 승자가 되기 위한 노력이 필요하다. 미래 사물에 대한 직관력을 키워야 한다. 선행 작업으로는 그것을 구현한 사람 개개인의 자신을 바로 아는 것이 중요하다. 그런 개개인의 개성과 성향의 결합과 융합해 새로운 창조의 힘을 모아야 한다.

완전히 다른 세상에서 살기 위해 완전히 다르게 보는 시각이 필요하다. 미래에는 사물에 대한 호기심 가지고 무에서 유를 창조해 보는 경험이 필요하다. 무에서 유를 만들어 보기위해서는 많은 시행착오를 용납해야 한다. 그러기 위해서는 본인과 같이 더불어 하는 모든 이들이 용기가 필요하다.

1차 산업혁명 시기에는 파워 블러거나 유투버가 없었다. 미래가 요구하는 창의력은 시대를 반영하여 산업이 발전하는 영역에서 준비하고 개발해야 한다. 인공지능과 사물인터넷 시대, 그리고 로봇과 함께 살아가야 한다. 현재에서 미래를 보면 창의력의 영역도 다르게 볼 수 있다.

그리고 육체를 이용하는 반복적 업무 영역은 많은 부분에서 대체될 것이다. 그러기 위해서는 다양한 경험을 해보아야 한다. 무엇을 아는지 모르는지, 어디에 관심 있는지 호기심을 가지게 되는지 알게 된다. 체험과 자극을 많이 받을수록 해마가 발전한다.

알파고는 같이 빅 데이터를 교육하고 딥 러닝 한다. 반면 인간은 좌뇌, 우뇌의 자극과 몰입 통해 다른 사물을 인식하게 교육이 필요하다 그러려면 여러 경험 기회를 주고 시행착오를 기다려주는 용기가 필요하다. 지금은 앞으로 존재할지도 모를 생계를 유지하기 위해 자신의 적성과 능력과 상관없이 맹목적으로 달려가면 안 된다. 미래는 준비한 만큼 얻을 수 있다. 단지 무엇을 준비할지가 중요하다.

시대를 보면 무엇을 준비해야 할지 알 수 있다. 앞으로는 로봇과 같이 살아 갈 세상이다. 그렇다면 미래를 위해 지금은 로봇과 함께하고, 조절하고 창조 할 수 있는 준비를 해야 한다. 단순 제조업에 근무하는 것이 아니라 3D와 4D프린팅 제조시장의 변화에 맞는 준비를 해야 한다. 각 산업 시대별 현실이 있었다. 그 순간 순간들이 모여 미래가 되었다. 미래를 바라보고 자신의 개성을 발견해야 한다. 자신을 고유성이 미래를 지금 준비하는 원동력이다. 근본을 융합하는 자기결정권 주장하는 것이 필요하다. 미래의 원하는 것을 얻을 수 있게 하는 진정한 힘이다.

경험 1

마루에 해가 다 들어오지 않는 반 지하, 눈을 떴고 회사로 나가고 있었다. 축축한 느낌을 뒤로하고 햇살이 눈부신 그날, 출장을 가야한다고 했다. 제주도로 가기 위해 삼성동에 리무진 버스를 탔다.

인천 공항으로 가던 차안에서 생각했다. '길바닥 위의 삶'

펜대를 굴리며 사는 직장인들과 같이 책상에만 앉아 있을 수 없는 '길 위의 삶'

영업을 위해, 교육을 위해 이리저리 부초처럼 떠돌아다니는 아이를 보며 외마디 하는 말.

"그냥 해봐 뭐든지.. 다! 뚫고 나가게."

제주 공항에 내리려고 비행기가 섬을 선외하고 있다.

구름 위에 구름. 구름 밑의 밭. 내려앉으려고 하는 논바닥 정중앙에 가지런히 정돈된 무덤들.

신기하고 이색적인 풍경은 이국적이기까지 했다. 대리점서 의전용 차량을 보내셨다. 많이 팔아달라고 이곳저곳에서 간절한 눈빛을 보내온다. 호텔에서 대리점 교육을 했다. 상품 품질을 믿노라고 진심어린 신념을 팔았다.

호텔서 점심 식사를 하고 홈 파티를 위해 준비된 대리점 점주님의 집으로 향했다. 여기서도 잘 팔려고 온힘을 다하여 팔아본다. 가슴을 담아, 맘이 닿기를 바라며 땀을 흘렸다. 열심이 통했는지 간절함이 말로 전해져 매출이 일어났다. 그제야 모든 분들이 웃고 있었다. 일류 음식점에서 저녁 식사 대접을 받았다.

돌아오는 마지막 비행기를 기다리며 생각했다. 오늘은 무엇을 팔았는지.

계단을 내려와 반지하의 집으로 돌아왔다. 하루의 간극이 이렇게 커서야, 낮에는 일류호텔에서 밤에는 반 지하에서.

그때 또 생각했다. 나는 지금 무엇을 하는가? 그리고 바로 답했다.

'뭐든지 하자! 할 수 있을 때!'

타파웨어의 조직의 1/3을 이동시킨 40대의 중년 여자 이사님이 있었다. 마케팅 조직을 새로이 구성 시켜 주었다. 이사님이 불렀다.

"김대리야, 넌 12곳 대리점 중 유일한 여자 교육 담당 대리점주야. 인생을 살아보니 그렇더라고, 남보다 넘치도록 해. 뭐든. 더 빨리 더 넓게 보면서, 그리고 딜을 해!, 원하는 것을 달라고. 만약 안 되잖아? 그럼 그냥 뭉개지 말고 떠나! 인생은 한 번이거든. 절대 넘어졌다고 두려워하지 말고, 안 넘어지는 인생은 없어."

아무거나 해보기만 했던 그 때, 말이 돌이 되어 날아 왔다. 가슴 뛰는 일을 찾으려고 과감히 사표를 던졌다.

"행함이 없는 믿음은 죽은 것이니 너의 믿음을 확증하라!"

확증하고 싶었지만 어디서부터 무엇을 해야 할지 알 수 없었다. 그냥 해 볼 뿐. 많은 시행착오와 수차례의 직업을 전전하며, 후회도 하고 가슴도 아파하고, 빚잔치도 하면서 닥치는 대로 그냥 해보았다.

삶은 항상 반전의 매력이 있었다. 간절함이 새로운 영역으로 이끌어주는 원동력이 되었다. 새로 입사한 전화영어 회사는 초기시장 상태였다. 운영했던 대리점이 망하고 남은 빚을 갚으며 만난 마지막 같은 간절함의 회사. 거기서 맨 바닥부터 다시 시작했다.
승승장구 바로 그것이었다. 죽을듯하나 죽지 아니하고, 없어질 듯 하나 없어지지 않는 몰입의 창조력, 작두를 타는 간절한 마음으

로 일을 하니 기적처럼 매출이 오르고 빚을 갚고 무에서 유를 창조
했다는 만족감까지 생겼다. 무엇이든지 다 할 수 있을 듯 했다.

　오른쪽 경동맥이 부어 올라왔다. 말을 할 때마다 귀 안쪽까지 부풀어 오르는 통증과 발열로 말을 편하게 할 수가 없었다. 목소리를 많이 써서 그러려니 했다.

　화장실에 갔다. 처음엔 2시간에 한 번씩, 1시간에 한 번씩, 직원들이 종종 말하곤 했다.

"팀장님, 왜 그렇게 화장실을 자주 가세요! 커피 너무 드셨나 봐요!"

"그러게.. 요즘 내가 좀 긴장을 하나 봐요."

30분에 1번, 10분에 5번, 5분에 10번...

　견딜 수 없는 절박한 느낌으로 몸은 말을 걸고 있었다. 돌아봐야 했는데 누구나 다들 그렇게 살아간다고 자조하면서 그렇게 시간을 보냈다.

　잠을 이룰 수 없었다. 앉을 수도 누울 수도 걸을 수도 그 어떤 자세로도 견딜 수 없는 통증과 발열이 시작 되었다. 직감적으로

135

허리가 아프다는 것을 알았다.

첫 검사의 의사 소견 3마디

"아, 오래 된 거네!"
"허리가 끊어 졌어."
"수술해야 해요. 방법이 없어."

어이가 없었다. 이제 막 잘 달려 온 듯했는데 이건 또 무슨 말인
지.. 다 순조롭게 보였는데 "왜 갑자기!?"라고 질문하고 있었다.
그냥저냥 흘러오면서 무시한 모든 것들이 합을 이루어 경계를 넘
어가고 있었다. 통증은 쉼 없이 오고 선택을 해야 했다.

2번째 의사 소견을 20분간 들었다.

"언제 하던 해야 할 거예요 허리수술은.. 지금 하느냐 나중 하느
냐의 차이점 알려 줄게요."

선택은 한번이었다. 이전에 생활과의 단절, 새로운 삶으로의 시
작.
원하지 않았고 준비하지 못했던 단절이 시작되었다. 한편으로
안심했다. 이것만 좋아지면 쉬어 간다고 생각하자 했다.

그렇게 새로운 미래를 선택했다. 익숙한 것으로 부터 안전하다고 믿어지던 모든 환경에서 떠났다. 원하면 다 이루어 내리라고 믿었던 생각을 넘어 또 다른 인생으로 떠나가고 있는 줄 그때는 몰랐다.

수술이 시작 되었다. 9,8,7, 음...

눈을 뜨니 차가온 공기가 온몸을 감싸면 천장이 보였다. 첫 느낌은 '고단한 인생 끝냈어도 좋았을 것을...' 외마디 울려 퍼지며 서서히 눈을 떴다.

재활 재활 재활...

마루를 굴러다니면 재활하고 머리를 감기위해 기어 다니고 그래도 수술 결과에 감사했다. 매번 허리가 끊어져 버릴 듯 한 고통에서의 해방감은 상쾌하다 못해 다른 통증의 아픔을 눌러 줄 만큼 행복하기도 했다.

반전은 시작되었다. 경동맥이 계속 부어올랐다. 발열이 나고 고막까지 아파 왔다. 1주일 후엔 출근을 하기로 했는데, 몸은 다른 말을 하고 있었다. 이상하다고 생각했고 허리 때 무시했던 전조증상을 이번에는 먼저 확인해 보기로 하였다.

...암 이였다.. 일명 착한 암... 단지, 나에게는 통증이라는 사인

을 주는 암..

또 수술해야 하나, 머리를 한 대 망치로 맞은 듯 멍멍했다.

그릇에는 용량이 있다고들 한다. 작은 그릇에 물을 부으면 넘어 나온다고 하듯 할 수 있는 용량을 넘어, 격하게 달려온 내 몸은 그렇게 다음 단계를 가고 있었다. 전년도에 수술하면 먹고 맞았던 항생제와 약들로 암은 전위되지 않은 듯했고, 독한 구취를 발산하면 자신의 존재를 알려주어 감사히 제거 할 수 있었다. 그때 아물지 못한 허리에서 문제가 왔는지 모르겠다. 수술 후 회복실로 이동하면 목의 어느 부위를 건드렸는지 하지로 내려가는 모든 신경에 통증이 오면서 어떤 물건도 잡을 수가 없었다.

그렇게 서서히 몸은 다음 단계의 고통으로 넘어가 있었다.

일본에 쓰나미가 오던 날이었다. 하루아침에 생을 달리한 영혼들을 위해 눈물이 났다. 다리를 쭉 펴고 목 놓아 울었다. 온 방을 기어 다니며 꺼이꺼이 땅을 치며 울었다. 아무도 그런 일이 있을 줄 모르고 사랑하고, 미워하고, 일하고 살아가고 있었을 것이다. 원하지 않았을 텐데, 갑자기 맞이한 현실을 생명으로 답 했을 그들을 생각하며 울고 또 울었다.

병원에 가서 말했다. 갑작스러운 결말에 접한 분들 때문에 맘이 아파서 울었다고.. 그러자 의사선생님은 우울증 증상이라고, 다중 통증에서 오는 자신의 감정이입이 되어 그러실 것이라고... 말했다.

　그러나 저는 선생님께 말했다. 전. 꼭. 다시. 우울증을 넘어, 지금의 상황을 벗어 날 것이라고!

　하루, 한 달, 한 해, ... 몇 년이 흘러, 지금은 FRO ZION 대표가 되었다. 대외적으로는 덕후 강사로 활동하고 있다.

　믿는 것은 행함에서 나온다. 믿음은 보지 못하는 것을 현실이 될 것이라고 꿈꾸며 실현해 가는 과정이다. 앞으로도 계속 미래를 이루어질 어떤 것으로 믿으며 만들어 갈 것이다.

김기동

- 자기계발 작가
- 두잇 커뮤니케이션 대표

어릴 때 꿈꾸었던 것들을 하나씩 이루어 가고 있고,
현재는 두잇 커뮤니케이션 마케팅회사와 출판사 대
표를 맡고 있다. 한국외대 독일어통번역학과를 졸업
하고 독일어강사, 잡지사 기자로 활동했고, 유통업
체와 푸르덴셜 생명 Lifeplanner, 매니저를 거쳐 마
켓앤피플 공동대표를 지냈다. 출판단지에서 직접 출
판시스템을 배웠고, 2007년부터 SNS를 시작해서 현
재 대략 1만 명의 SNS 친구와 팔로윙을 하고 있다.
(페이스북, 인스타그램, 카카오스토리 등)
 한편, 중3때 기타를 독학으로 배웠고, 직장생활 중
헤세드밴드를 창단, 리더로서 자작곡을 발표하면서
다양한 활동을 했다. 또한 수신제가 독서나비포럼 멤
버로서 코치스쿨을 수료하였다.
현재 '스마트시대 10대를 위한 SNS'라는 책을 기획
하여 집필 중이다.

E-Mail　　newsong1000@gmail.com
Facebook　gidongg2
Instagram　newsong1000

꿈꾸는자들의이야기

Dream!ng 2

6장

김기동
Dream!ng

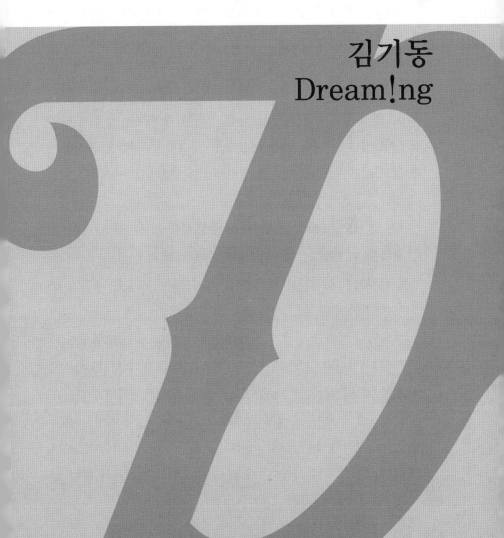

상처 입은 치유자

　세상에서 가장 아름다운 가치는 사랑이 아닐까. 사랑은 모든 것을 덮어주고 모든 것을 믿으며 모든 것을 견디고 오래 참는다. 자기에게 잘못한 사람도 진심으로 사랑한다면 용서할 수 있다. 용서하는 것은 가장 고결하고 아름다운 사랑의 형태라는 말이 있다. 또한, 먼저 용서하는 사람이 진정 이기는 것이라는 것을 우리는 잘 알고 있다. 하지만 어린 시절에 큰 상처를 준 사람을 용서하기란 참으로 고통스럽고 어려운 일이 아닐 수 없다.

　나는 경기도 양평에서 태어나 9살에 서울 성북동으로 유학 같은 전학을 오게 됐다. 어머니, 형과 함께 낯선 서울 생활을 시작하면서 넉넉하지 못한 가정형편 때문에 여유로운 생활은 누리지 못했다. 하지만 좋은 환경에서 교육을 받게 하기 위해 서울로 데려온 부모님의 마음을 알고 있었기에 열심히 생활했다. 그렇게 노력하다보니 5학년과 6학년 동안 2년 연속 반장을 하게 됐다. 서울에와서 처음으로 인정받은 느낌이 들어 얼마나 기뻤는지 모른다.
　허나 기쁨도 잠시, 시골에 젖소숫자가 늘어나면서 아버지 혼자서 관리하시기가 힘에 부쳐 어머니는 시골로 내려가셔야 했고 대신 할머니가 오시게 되었다. 아직 어린 나이에 어머니와 함께 살다가 떨어지게 되니 슬픔과 그리움이 컸다.

그러던 중, 어느 날 어머니가 쌀을 갖다놓고 가시면서 남긴 편지를 보게 됐다.

"아들, 엄마 없어도 용기 잃지 말고 힘내라. 사랑한다..."

짧은 내용이었지만 엄마의 사랑이 느껴졌고 이 편지를 보고 또 보면서 그리움을 달래곤 했다. 엄마의 빈자리는 할머니가 조금씩 채워주셨다. 할머니는 부드러운 인자함으로 손자를 귀여워 해주셨고 품어주셨다.

그러던 어느 날, 불청객이 들어왔다. 큰 삼촌이었다. 큰 삼촌은 중학교 자퇴를 한 후 자기 주먹 하나만 믿고 세상을 살아온 사람이었다. 월남전에도 참전했었고, 거친 성격의 일용직 노동자이자 노총각이었다. 첫인상부터 험악했지만, 갓 중학생이 된 나는 아직 점차 닥쳐 올 엄청난 일들을 미처 알지 못했다.

어느 날 밤, 삼촌은 잠자는 나를 불러 세우더니 갑자기 주먹으로 내 가슴을 '쾅쾅' 못을 박듯 내리쳤다. 이유는 연탄불을 꺼트렸다는 것. 나는 맞은 가슴도 아팠지만, 밤중에 끌려 나와 그렇게 맞는다는 것이 너무나 무섭고 두려웠다. 한참동안 험악한 분위기에서 혼이 난 다음에야 겨우 방으로 다시 들어갈 수 있었다. 그렇게 폭력적인 삼촌은 내가 어떠한 말을 해도 "어디서 말대꾸야!"라며 항상 무섭게 꾸짖었다. 집에서 식구들끼리 밥을 먹어도 난 꿀 먹은 벙어리처럼 밥만 먹어야 했다. 괜히 말을 꺼냈다가 또 무시무시한 폭언을 듣게 되는 것이 너무 싫었기 때문이었다. 그러다 한 번은 식사 중에 근거 없이 비아냥거리는 삼촌에게 용기를 내서 한마디 했다. 그러자 삼촌은 갑자기 소리를 지르며 밥상을 내게 확 엎어버렸다. 화들짝 놀라서 뒤로 물러섰다. 하마터면 큰 화상을 입을 뻔했다. 정말 끔찍한 순간이었다.

이 외에도 여동생 앞에 벽돌을 집어 던져 소스라치게 놀란 일도 있었고, 밤에 괴롭혀서 잠을 제대로 못 자게 한 날들도 많았다. 이런 상상할 수 없는 돌발행동을 겪다보니 그의 옆에 있을 때는 항상 긴장을 하고 있어야 했다. 그와 같이 사는 동안 하루하루가 육체적, 심리적 고통의 연속이었다.

이런 청소년기의 상처는 쓴 뿌리가 되어 내면 깊숙이 자리 잡아 점차 나의 일부가 되어 갔다. 게다가 이런 삼촌과의 일들을 터놓고 이야기할 수 있는 대상이 전혀 없었기에 마음의 상처는 더 깊어져만 갔다. 부모님께라도 도움을 구하고 싶었지만, 이렇게 학대당한다는 것을 얘기하는 건 힘들게 생활비를 보내주시는 부모님께 짐을 더 얹어드린다는 생각에 결국 꺼내지 못했다.

시간이 흘러 대학에 가고, 성인이 되어 사회생활을 하면서 관계를 형성할 때마다 어려움을 느끼게 되었다. 예컨대 권위적인 리더를 만나게 되면 너무 긴장해서 제대로 관계를 맺지 못하고 힘들어 하는 것이었다. 이때는 이것이 어릴 적 상처에 기인한 것이란 걸 알지 못했다.

그러다가 대학 3학년 때, 도서관에서 자석에 끌리듯 한 책을 손에 집게 됐다. 나와 같이 학대를 받거나 쓰라린 상처를 가진 사람들에 대한 이야기가 담긴 '상한 감정의 치유'라는 책이었다. 이 책을 시작으로 관련서적들을 찾아보면서 비로소 내 욕구와 감정들을 확인하게 되었고, 이것에 대해 상담을 받고 도움을 받아야 한다는 것을 깨닫게 되었다.

처음 누군가의 도움을 받은 건 20대 후반에 교회를 통해 만난 상담전문가에게다. 그분은 편안한 분위기에서 내 말에 귀를 기울여 주셨고 나를 위한 시간을 선뜻 내어 주셨다. 주기적으로 만나면서 가족에 대한 이야기, 큰삼촌의 이야기를 하나 둘씩 풀어놓았다. 그렇게 네 번째의 상담을 받던 날, 내 생애 가장 큰 사건이 일어났다. 그 날 나는 무의식 아래 깊이 밀어 넣었던 어떤 기억이 떠올랐다. 너무나 끔찍해서 말로 다할 수 없는 그 날의 사건들을 다시 떠올리면서 한참을 통곡하며 울고 또 울었다. 바로 그 일로 인해 난 삼촌을 증오하고 있었던 것이다. 통곡이 끝날 무렵 상담선생님은 그 일에 대해 객관적인 관점에서 내 잘못이 아니라 가해자의 잘못임을 정확하게 보게 하셨다. 이어 과거와 화해를 하고 이 문제로부터 진정 자유롭게 될 수 있는 길은 오직 용서라고 말씀하셨다.

정녕 그를 용서하란 말인가?! 처음엔 거부했다. 절대로 용서할 수 없을 거라고 생각했다. 그에게 당한 일들을 생각하면 억울하고 분한데 용서하라니...

하지만 상담을 이어나가면서 난 변화를 원하고 있고, 이대로 살순 없다고 생각을 하게 되었다. 그리고 결국 삼촌을 용서하기로 하였다. 상처 준 대상을 용서하기로 마음먹기까지는 무척 힘들었지만, 용서하기로 결정하자 오히려 마음이 한결 가벼워졌다. 어깨에 메고 있던 짐을 내려놓은 것만 같았다. 나도 본의 아니게 타인에게 상처를 주고 실수도 많이 한 사람인데, 먼저 용서받은 사람으로서 내게 잘못한 사람을 용서하는 게 맞다는 것을 깨달았다.

그를 용서하고 나자 더 이상 그가 두렵지 않았다. 다시 그 대상을 마주한 약한 중학생 아이가 되어 불안해할 필요가 없게 된 것이다. 하루아침에 모든 것이 바뀌지는 않았지만 점차 달라져가는 나를 느낄 수 있었다. 용서는 과정이다.

어느 날, 내적치유 세미나에 갔는데, 강의 중 강사의 주문이 '상처 준 그를 손바닥에 올려놓고 객관적으로 보라'였다. 이 방법은 꽤 효과적이었다. 그런 관점으로 보니까 삼촌은 어린 시절 아버지를 여의고 어려운 가정형편에서 더 이상 학교공부를 할 수 없어서 기와공장에 들어가 일을 해야 했다는 얘기가 어렴풋이 떠올랐다. 그러자 외롭고 지쳐있는 한 아이가 보이기 시작했다. 그는 더 이상 포악하고 무서운 존재가 아니라, 불쌍하고 결핍이 가득한 아이일 뿐이었다. 아버지의 부재를 겪으며 극도의 상실감과 외로움으로 인생을 살다가 조카들과 살게 되면서 맏형 대신 아버지 노릇을 해보려고 했는데, 아버지를 경험한 적이 없다보니 권위적인 형태로 표현이 된 것이라는 그림이 그려졌다. 그가 이해되기 시작했다. 그의 언행이 왜 그렇게 거칠 수밖에 없었는지 조금씩 이해되기 시작했다. 이후에 삼촌에 대한 감정의 변화가 생겼고, 또 오랜 세월동안 내가 본인 때문에 힘들었다는 것을 표현했다.

이러한 과정들을 통해 더 이상 청소년기 상처로 인한 부정적 영향을 받지 않게 되었고, 진정한 자아, 참자아를 찾아가게 되었다. 이제는 나와 타인을 용납하면서 자연스럽게 감정표현을 하고 생동감을 느낄 수 있게 되었다. 그리고 베풀며 나누고 소통하는 것을 즐기며, 순수하며 자발적이고 개방적이며 작은 것에도 감사하고 행복을 느끼고 표현한다.

하지만 아직도 너무나 많은 사람들이 자신만의 감옥에 갇혀 지내며 거짓된 자아, 의존적이며 자기중심적인 자아로 살아가고 있다.

찰스 핀(Charles C.Finn)의 시는 우리의 거짓된 자아의 갈등을 잘 표현해 주고 있다.

내가 말하지 않는 것을 들어주세요

나에게 속지 말아 주세요.

내 표정에 속지 말아 주세요.

나는 가면을, 수천 개의 가면을 쓴답니다.

나는 가면 벗기를 두려워하지만,

그 어느 가면도 참된 나는 아니랍니다.

그런 척 하는 것은 제2의 본성이 되어 버린 나의 기술,

그것에 속지 말아 주세요.

제발 속지 말아 주세요.

내가 안전한 상태에 있는 듯한 인상을 주면서,

나의 안팎으로 햇살이 따사롭게 비치고 평온으로 가득하다 말할 때

나의 이름은 자신감, 나의 방침은 냉철함이라고 자랑할 때,

수면은 잔잔하고 내가 모든 상황을 주관하고 있다고 말하며,
내게는 아무 도움도 필요치 않다고 말할 때라도
나를 믿지 말아 주세요.
나의 표면이 잔잔해 보여도 그것은 나의 가면,
시시각각 변하고 시시각각 숨긴답니다.

(중략)

이 시와 같이 내면에는 혼란과 두려움과 외로움이 늘 있지만, 그것을 철저하게 숨기고 누구도 알기를 원치 않으며 가면 뒤에 숨어 살고 있는 사람들로 세상은 가득 차 있다.

나는 상처 입은 치유자의 눈으로 이들을 바라보며 손을 내밀어 주고 싶다. 내가 만나는 사람들 중에 이렇게 아파하는 사람이 있다면 그들이 쌓아놓은 담을 넘어 다른 세상이 있음을 알려주려 한다. 내가 완벽한 상담가로서 활동하려는 것은 아니지만, 치열하게 그 긴 터널을 지나온 사람으로서 적어도 그들의 절규에 외면하지 않고 귀 기울여 들어줄 수 있도록 할 것이다.

그들의 계절이 춥고 긴 겨울이라면 언 땅을 뚫고 돋아나는 새싹이 가득한 봄이 오도록 돕고 싶다. 지난 날, 나를 새장 밖으로 나올 수 있게 도와주신 그 분처럼 이제는 내가 그 역할을 하려 한다. 누구나 사랑받기 위해 태어났으며, 사랑 받기 마땅한 만큼.

나는 굿가이를 거부한다(착한 사람 콤플렉스)

예전 직장생활 할 때, 같은 팀 후배 중 박대리와 이대리가 있었다. 둘은 입사동기였는데 박대리는 호탕하고 액션이 크며 매사에 적극적으로 행동을 하지만, 일부에서는 성실하지 않고 팀장이 있을 때만 잘 보이려고 애를 쓴다는 뒷담화를 받았다. 반면 이대리는 시키는 일을 성실하게 해내는 착한 사람이고 동료들과의 관계도 좋았지만, 팀장에게는 박대리보다 인정을 받지 못해 힘들게 생활한다는 얘기를 듣곤 했다. 이대리는 윗사람에게 잘 보이려고 행동하는 것은 좋은 것이 아니고, 평소에 열심히 하면 언젠가 인정받을 거라고 생각하며 묵묵하게 회사생활을 했다.

세월이 흘러 팀장은 이사로 승진했고 팀장의 자리는 누군가가 채웠다. 팀장의 자리를 꿰찬 사람은 둘 중 누구였을까? 그리고, 당신은 이 두 사람 중 어느 쪽에 더 가까운가?

어릴 때부터 나는 '착하게 살아야한다'는 말을 수없이 듣고 자랐다. 나만 아니라 우리는 권선징악의 구조로 되어있는 동화를 읽고, TV로는 나쁜 악당들은 결국 패하고 착하고 정직한 사람들이 마지막에 가서는 잘 된다는 스토리의 어린이 프로그램을 숱하게 보면서 컸다. 또한, 어릴 때 신앙생활하며 자란 아이들은 말씀을

149

들으며 항상 나보다 친구가 먼저요, 남을 배려하는 태도를 가지도록 훈련을 받았다. 이렇게 자라면서 '착한 사람이 복을 받고 악한 사람은 징벌을 받는다'는 메시지가 우리 안에 깊이 자리 잡게 된 것이다.

내 전부는 아니지만 내 모습 안에 위의 이야기에 등장한 이대리의 모습도 들어있었다. 그를 착한 사람의 표본이라고 전제하고 이대리의 어린 시절로 들어가 보자.

이대리는 어릴 때부터 부모님 말씀에 순종하고 동생에게 먹을 것도 양보하고 힘들어도 내색하지 않고 잘 참아내고 투정도 부리지 않는다. 이러니 어른들은 어린 것이 어쩜 그렇게 예쁘고 착하냐고 칭찬을 하며 아이에게 강력한 지지와 무한 신뢰를 보낸다.

이대리는 초등학교 친구들과 싸울 일이 있어도 애써 피하고 잘 지내려고 노력한다. 그렇지만 꼭 못된 녀석들이 있다. 이대리는 공부도 열심히 하고 착하기 때문에 그런 아이들과 어울리지 않으려고 하지만, 모든 사람들과 더불어 좋은 관계를 맺어야 한다는 착한 생각을 가지고 있기에 그들에게 티를 내지 않는다.

그러던 어느 날, 못된 친구가 이대리의 실내화를 몰래 숨긴다. 실내화가 없어지자 이대리는 어쩔 줄 몰라 당황하며 열심히 찾았다. 그리고 결국 범인을 알게 된다. 무척 화가 나지만 감정을 최대한 자제하고 찾아가서 달라고 부탁을 한다. 그러나 실내화를 쉽게 돌려받지 못한다. 이대리는 창피하고 화가 나지만, 싸우는 것은 좋은 것이 아니므로 계속해서 부탁을 하고 사정을 한다. 그걸 보는 친구들은 낄낄대면서 신발을 툭 내어준다. 이대리는 신발을 찾은 것만으로 다행이라고 안도하며 속에서 올라오는 욕 따위는 무시한다. 그리고 이번 한 번은 그냥 용서하기로 하고 엄마에게도 말을 아낀다.

이렇게 학창시절을 나름 착한 모범생으로 보낸 이대리는 과연 어른이 되어 세상으로 나오게 되었을 때 어떻게 될까?

가정의 울타리를 벗어나 혼자서 사고하고 행동에 책임을 져야하는 성인기를 맞이하면서 그는 혼란이 오기 시작한다. '착하면 모든 것이 잘 된다'고 믿고 살아왔는데, 무한경쟁사회로 들어오면서 서로 물고 뜯고 자기가 살기 위해 때로는 동료들을 밟고 올라서는 무시무시한 사람들을 경험하게 된다. 그래도 이대리는 기존에 가지고 있던 사고방식대로 동료를 배려하고 타인에게 상처를 주지 않으려고 애를 써본다. 하지만 도리어 자기 의견을 분명하게 주장하고 공격적으로 자기가 원하는 것을 쟁취하려고 하는 사람들과의 경쟁에서 점점 지쳐간다. 또한 조직의 리더에게 지적을 받으면 쉽게 상처를 받기도 하는데, 반면 액션이 크고 목표가 분명한 사람들은 전략적으로 치밀하게 자기 포지셔닝을 하면서 앞서나간다. 이렇게 자신들이 믿고 있던 기준과 행동방식으로는 더 이상 안 된다는 사실을 맞닥뜨리면서 그야말로 멘붕에 빠지게 된다.

착한 사람들은 타인의 기준과 평가에 자기 행동방식을 맞추어 살아왔다. 나보다는 남이 먼저였기 때문에 억울한 상황에도 자기 감정을 솔직하게 표현하지 못하고, 친구나 부하직원에게도 강하게 싫은 소리를 못한다. 그러나 세상은 이대리와 같은 사람이 조직에 도움이 되지 않는다고 판단되면 냉정하게 일말의 동정심도 없이 방치하거나 낙오시켜 버린다.

이대리가 착한 사람의 전형이라고는 할 수 없으나 착한 사람들은 이런 패턴을 경험하는 경우가 꽤 많다고 본다. 듀크 로빈슨 (Duke Robinson)은 그의 책 〈내 인생을 힘들게 하는 좋은 사람 콤플렉스 (Good Intentions)〉에서 '착한 사람들은 자신들이 왜곡된 사고의 틀에 길들여져 있다는 사실을 깨달아야 한다'고 말한다. 착한 사람들은 어릴 때부터 타인의 시선으로 자신을 바라보며 살아왔다. 이것이 성장하면서 '착한 사람 콤플렉스'로 그의 삶 전반에 영향을 주는 것이 문제이다.

수년 전, 필자는 착한 사람으로 사는 것을 거부하기로 결정했다. 그렇다고 악하게 살겠다는 뜻은 아니지만, 사회생활을 통해 수많은 사람들과 다양한 관계를 맺으면서 나를 객관화하고 보다 건강하게 살고자 패러다임을 바꾼 것이다. 이로써 타인이 나를 어떤 시선으로 보고 어떻게 평가하는가에 신경을 쓰기보다 내가 나의 감정과 사상을 이해하고 표현하는 것에 더 솔직해졌다. 이제 나는 다른 사람들이 원하는 것에 맞추기보다 크게 생각하고 크게

움직일 것이다. 내 달란트를 활용하여 더 많은 부가가치를 만들어
낼 것이다.

　예전에 사업이란 것을 처음 할 때 친구와 공동대표로 동업을 한
적이 있었다. 그 친구는 말에 신뢰가 가고 여러 가지 근거를 제시
하면서 사람의 마음을 훔치는 기술이 있었다. 나는 두터운 신뢰관
계에 기반 해서 그와 함께 투자하고 사업을 꾸려나갔다. 그런데
어느 날, 한 선배와 돈 문제로 거짓말을 하는 것을 보게 됐다. 그
래서 따지고 물었지만 둘만의 문제니 개의치 말라며 피해갔다. 그
친구를 믿었기에 일단 넘어갔다. 그런데 그 후에 그는 회사의 돈
을 동의 없이 위험한 자산에 무책임하게 투자를 했고, 결국 회사
는 거의 파산을 했다.
　이런 일을 경험하면서 동업자인 사람을 너무 믿고 신뢰했음을
뼈저리게 후회했다. 하지만 그 당시는 착한 사람이었기 때문에 심
하게 욕도 하지 않고 그 친구가 빨리 재기하기를 바랐다. 그런데
결국 그의 실체는 바닥임을 알았고 난 그에게 욕을 했고 내가 겪
고 있는 고통을 알아듣게 전달했다. 그러자 마음이 훨씬 후련하고
상쾌했다.
　지금은 이 경험을 나의 자산으로 여기고 그 실패를 누구 탓으로
여기지 않는다. 다만 사람을 의지하지 않고 정직하게 새롭게 사업
을 펼쳐나가고 있다.

혹시 아직도 이대리와 비슷한 점을 가지고 있다면 바로 이 순간 "No!"하면서 거부할 것을 권유하고 싶다. 여기까지 글을 읽었다면 알 것이다. 세상은 착한 사람을 이용하려고 하는 사람들이 너무 많다. 내면으로는 선한 마음을 갖되 그러한 사람들에게 휘둘리면 안 된다. 주변에도 선의를 가지고 친구, 친척, 지인에게 금전을 빌려주거나 도와주고 나서 연락이 끊기거나 약속대로 돌려받지 못해서 피해를 본 사람들이 참으로 많이 있다. 우리는 타인에게 인정받기 위해 그들의 시선을 만족시키는 것이 아니라 진정으로 선한 가치를 위해 균형 잡힌 관점으로 나와 세상을 바라봐야 한다. 그리고 스스로 객관화하여 착하기 만한 부자가 아니라 선한 영향력을 끼치는 행복한 부자가 되길 진심으로 바라며 더 나은 세상을 꿈꿔 본다.

Music is my life! (좌충우돌 인디밴드 이야기)

Music is my life!

만일 이 제목으로 영화를 제작하는데 주인공이 필자라면, 중학교 음악실에서 가창시험을 보는 학생들의 모습으로 시작할 것이다. 깐깐한 음악선생님 앞에서 그 당시 막 변성기가 시작된 주인공은 '즐거운 봄'이라는 노래를 부르면서 음 이탈을 해버렸다. 그 장면을 보던 애들은 키득키득 웃었다. 가창시험의 결과는 처음으로 '양'을 받았다.

이럴 수가! 반장도 여러 번 했던 주인공은 체면이 확 구겨졌다. 쥐구멍에라도 들어가려고 했다. 하지만 이 사건을 통해 음악에 더 관심과 흥미를 느끼게 된다.

다음 장면은 기타를 연습하고 있는 모습이다. 고등학교 입시를 마치고 중3 겨울에 기타를 한 대 장만했다. 교회에서 어떤 형이 멋지게 기타를 치는 걸 보게 됐고, 미래에 기타연주를 하는 내 모습을 상상해보니 아주 근사했던 것이다.

기타를 손에 잡은 날 얼마나 행복했는지 모른다. 기타 학원에 다닐 형편은 아니었기에 중고서점을 찾아가서 '기타 첫걸음'이란 책을 사서 그야말로 기타 독학을 시작했다. 독학은 말 그대로 독해야 성공할 수 있다. 기타 코드를 잡는 손가락 끝마다 아프고 딱딱한 굳은살이 생겼다. 하지만 매일 이렇게 열심히 연습을 해도 소리는 잘 나지 않았다. 요즘은 기타 레슨 동영상을 쉽게 찾을 수 있지만, 그 당시에는 책이 전부였다. 이렇게 연습해도 늘지 않는 것 같으면 대개 독학을 포기해버린다. 그러면 기타는 더 이상 낭만적인 악기가 아니라 장식품 또는 무용지물이 되는 것이다. 그럼에 결코 도전을 멈추지 않았고 점점 기타와 하나가 되어갔다. 영화 '아바타'에 보면 주인공 제이크 설리가 익룡 이크란을 길들이는 과정에서 위기를 만나지만 결코 잡은 손을 놓지 않았고, 결국 이크란의 주인이 되는 장면처럼 말이다.

그렇게 한 달, 두 달 계속해서 매일 기타를 붙들고 사랑을 하다 보니 드디어 맑은 소리가 들리기 시작했다. 정녕 이렇게 감미로운 기타선율을 연주하고 있다니! 지금 생각하면 완전 초보의 수준이었지만, 그 때는 꿈꾸는 것처럼 기뻤다.

다음 장면은 회사모임에서 정장을 입고 기타를 치는 장면. 대학 졸업 후 잡지사에서 기자로 생활하다가 잡지사가 경영난으로 중단되고 전업해서 5년 넘게 유통회사에서 마케팅 업무에 이어 금융회사에서 10년간 영업 및 관리 업무를 했는데, 이 기간 동안 회사모임에서 기타를 쳤다. 정기적으로 여러 사람들 앞에서 기타를 치며 노래하다보니 점점 더 자연스러워지고 그 시간을 즐기게 됐다. 그러던 중에 회사선배가 밴드를 만들어 보자고 제안을 했다. 그는 드럼을 배우기 시작한지 겨우 몇 달 된 그야말로 왕초보였다. 이를 계기로 사내밴드를 조직하기 시작했고, 역사적인 첫 모임에 5명이 나왔다. 그리고 점점 사람들이 모여들었다.

'유온밴드'는 음악이 좋아서 어쩔 줄 모르는 사람들이 뭉쳤다. 바쁜 직장생활에도 불구하고 자주 모였다. 특히 드러머는 초보자면서 열정은 1등이라 드러머를 위해서 다른 멤버들이 돌아가면서 같이 연습을 해주기도 했다.

밴드 초기에는 주로 CCM을 연주했는데, 우리의 첫 무대는 회사의 신우회 부흥Festival 행사였다. 연습장소가 없어서 홍대부근 합주실이나 사당, 강남역 부근 합주실을 빌려서 연습을 했다. 리더로서 굳이 사내밴드를 고집하지 말고 개방을 하자고 제안하고 나서 대학생, 직장인, 자영업자로 구성된 독립밴드 형태가 됐다. 전공자는 소수였지만 숨은 실력자들도 합류하고 놀러 온 친구들도 합류하면서 full band로 세팅했다.

소속사나 스폰서가 있는 밴드는 지원을 받아서 좋을지 모르지만, 어디에도 소속되지 않은 인디밴드는 자유롭고 그래서 모임이 참 즐겁다. 자유롭게 각자의 색깔을 내면서도 합주를 하면서 서로를 배려하고 한 호흡으로 연주하기 위해 반복해서 연습을 했다. 특히 집회나 공연을 앞두고는 열일을 제치고 합주를 하면서 우리의 색깔을 만들어갔다. 연습이 끝나고 야식을 먹는 즐거움도 빼놓을 수 없는 모임의 즐거움이었다. 특히, 우린 지하 합주실에서 주로 연습을 했기 때문에 마치 동굴에서 미션을 마치고 나와서 보상으로 야식을 먹는 느낌이었다.

그런데 full band라서 인원이 10여명이고 사례를 받지 않고 봉사하는 마음으로 공연을 다니다보니 어려움도 있었다. 일부 멤버들은 학업이나 직장문제로 연말 즈음 중도하차를 했다. 밤늦게까지 합주하며 동고동락하던 멤버들을 보내는 건 리더로서 무척 아픈 일이었다. 리더가 부족해서일까 하고 고민도 했다. 그러다가 우리만의 색깔을 확실하게 내려면 자작곡을 연주해야겠다고 생각했다.

2014년 2월 아침, 우리밴드가 만나게 될 청소년들을 생각하면서 잠이 들었는데, 눈을 뜨자마자 강렬한 락 장르의 노래가 가슴속에서 샘솟듯 솟아오르는 느낌이 들었다. 가사도 떠오르는 대로 악보에 적었는데, 정말 신기하고 놀라운 일이었다. 음악전공자도 아니고, 음악에 대한 지식이 뛰어난 것도 아니었기 때문이다. 기타를 치면서 멜로디 라인을 만들고, 방황하는 청소년들이 '세상을 향해 일어나자' 라는 내용의 가사를 적었다. 멤버들에게 보여주고 합주를 하는데, 다들 멋진 곡이라 하면서 좋아했다. 드디어 우리만의 곡을 직접 작곡하고 연주할 수 있어서 정말 행복했다. 이렇게 할 수 있었던 것은 정말 내가 한 것이 아닌 것 같다. 이후에도 특별한 때에 몇 곡을 만들어서 함께 할 수 있었다.

멤버들이 새로 채워지면서 중간에 헤세드밴드라고 개명을 했는데 '남들이 가지 않는 곳에 우리가 가자'는 모토를 정했다. 그래서 장애인들이 생활하는 홀트 타운, 밴드를 초청할만한 공간이 없는 작은 교회들, 그리고 정신요양시설 박애원 등 우리를 필요로 하는 곳에는 어디든지 찾아갔다. 특히 박애원이 기억에 많이 남는데, 처음에 섭외를 받았을 때 조금은 선입견이 들었다. '정신질환자들이 혹시 공연 도중에 돌발행동을 하면 어떻게 대처해야 하나?' 약간은 두려운 마음도 있었다. 그런데 박애원에 있는 사람들 하나하나를 생각하고 기도하는 마음으로 공연준비를 하다 보니 두려움이 사라졌다. 아마도 그 친구들은 어떤 충격적인 사건이나 학대를 경험했을지도 모른다, 완강하고 무자비한 사람들로 인해 용납 받지 못하고 고통을 받았을지 모른다. 그 친구들을 이해하고자 마음을 열고 공연무대에 섰다. 생각보다 반응은 뜨거웠다. 젊은 친구들은 환호하며 동영상을 찍기도 했다. 그래서 노래하기 전 성장과정에서 고통을 준 사람에 대해 얘기를 시작했다. 엄청난 폭력과 억압의 나날들. 그런데 불가능해보였지만 그를 용서하기로 했다는 스토리. 그러자 호응이 컸다. 공연 후 문 앞까지 우리를 배웅하러 나오는 친구들을 보는데 가슴에 뜨거운 것이 올라오는 느낌이었다.

돌아보면 함께 해준 멤버들이 하나하나 정말 고맙고 리더를 잘 따라준 것에 대해 지면을 빌어 감사를 전하고 싶다. 우리는 반드시 다시 만날 것이며, 우리가 함께 했던 음악들을 다시 할 것이다. 희망이 보이지 않는 세상에 빛을 던져주는 음악을 할 것이다. 생명을 살리는 노래를 부를 것이다.

SNS에서 새로운 세상을 만나고, 작가의 꿈을 키우다

시골에서 유년기를 보낼 수 있다는 것은 크나큰 행운이다. 산과 들과 눈에 보이는 모든 것이 놀이터라서 가만히 앉아있을 틈이 없다. 동네친구들과 무리지어 다니며 여름철엔 숨차게 뛰어 놀다가 더우면 개울에 가서 멱을 감고, 배고프면 개구리를 열 마리씩 잡아서 구워먹었다. 겨울철엔 썰매타기, 눈싸움, 그리고 산에 올라가서 눈썰매를 신나게 타다가 배가 고파 오면 화로에 고구마를 구워먹었다. 얼마나 맛있던지! 안 먹어본 사람은 절대로 모를 것이다.

저녁에는 식구들과 텔레비전 앞에 모여 앉으면 전혀 다른 세상을 볼 수 있었다. 특히 드라마에 나오는 예쁜 탤런트들과 가요 프로그램에 나오는 멋진 가수들을 보면 눈이 휘둥그레져서 눈을 떼지 못했다. 어른이 되면 대통령 말고도 하고 싶은 게 하나 생겼는데 그것은 가수였다. 그러다가 초등학교에 들어가고 책을 읽으면서 선생님, 기자, 작가의 꿈도 가지게 됐다.

바야흐로 세월은 흘러 어른이 되면서 주관적으로는 어릴 때 하고 싶은 것들을 하나씩 이루어갔다. 전공을 살려 학원에서 독일어를 가르쳤다. 그리고 문화매거진 기자가 되어 콘서트, 뮤지컬 등 다양한 문화행사를 프리패스로 다니면서 취재도 해보고 인터뷰도 해봤다. 세상에 나오면서 두 가지 직업적인 꿈을 이루게 된 것이다.

그런데 사회생활을 하면서 새로운 관계를 많이 맺다보니 SNS(소셜네트워크서비스)의 필요성을 느끼게 됐다. 그리하여 2011년부터 페이스북을, 그 다음해에는 카카오스토리, 그리고 뒤이어 인스타그램 계정을 만들었다. 처음부터 작가가 되어야지 생각하고 SNS를 한 것은 아니었다. 매일 일상의 기록을 남기고, 놓치고 싶지 않은 장면이나 그때의 감정을 글로 표현할 수 있는 소통의 장이라고 여겼다. 또한 다양한 정보와 콘텐츠를 공유하는 소셜미디어만이 가지는 매력이 호기심을 자극하기에 충분했다.

SNS를 매일 해봐야겠다는 동기를 가지게 된 것은 따로 있었는데 지금 생각하면 좀 순진했던 것 같다. 그 당시에 직장인, 사업가, 대학생으로 구성된 독립밴드를 하고 있었는데, 훗날 큰 무대에서 콘서트를 할 때 'SNS 친구들을 통해 홍보를 하면 최고로 효과적이겠구나' 라는 기대심리가 있었다.

이렇게 사람들은 각각의 니즈와 기대심리로 SNS를 시작할 것이다. 어떤 이는 오직 비즈니스만을 위한 채널로, 어떤 이는 새로운 관계 형성을 위한 통로로, 어떤 이는 일기장으로, 또 어떤 이는 자기 과시의 도구로…

필자는 어느덧 SNS 7년차가 되었고 그동안 SNS로 연결된 친구, 팔로워를 모두 합치면 대략 1만 명이 되었다. SNS를 즐겨하

고 그 매력에 빠지다보니 SNS 마케팅 비즈니스도 하게 된 장본인
으로서 먼저 SNS예찬부터 시작하려고 한다.

SNS는 또 하나의 새로운 세상이다. 다양한 정보를 유통하고 사
회관계망 안에서 새로운 관계를 맺는 SNS는 오늘날 새로운 방식
의 소통의 수단이 되었다. 또, 이메일만으로 쉽게 계정을 만들 수
있고 추가비용도 없는데, 평소에 관심 있는 분야의 유명인이나 관
련업종의 전문가도 SNS를 통하면 연결될 수도 있으니 잘 활용할
수 있다면 최소한 1석3조라고 본다.

그리고 주관적인 관점에서 SNS를 하게 되면 소위 '멍 때리는 시
간'이 없어진다. 예전에는 가끔 아무 생각 없이 시간을 보내는 경
우가 있었는데, 지금은 그럴 시간이면 SNS를 한다. SNS에 실시
간으로 올라오는 무한대의 영상과 텍스트, 이미지들 중에서 내가
관심 있는 콘텐츠를 만나면 실시간으로 반응할 수 있고, 또 그것
을 내가 공유해서 유통할 수 있기 때문이다.

무엇보다 개인적으로 소셜 네트워크 서비스가 좋은 이유는 SNS
를 통해서 글을 쓰게 됐다는 것이다. SNS를 하기 전에는 직장에
서 하루 종일 바쁘게 일하다보면 커다란 시계의 부속품처럼 어제
와 똑같은 하루가 맞물려 돌아가다가 끝나버린 느낌이 들곤 했다.
치열한 경쟁사회에서 생존하기 위해서는 남보다 더 일해야 한다
는 강박관념도 있었다. 하지만 SNS를 하면서 아주 짧은 시간이라
도 아름다운 장면을 보게 되거나 스쳐가는 좋은 생각이 있으면 글

과 이미지로 남기게 되었다. 그러자 쓸데없이 인터넷서핑이나 게임으로 시간을 죽이는 일은 없어졌다. 그리고 어릴 적 시골에서 뛰어 놀며 자라났던 감성을 다시 일깨울 수 있게 되었다. 글재주는 특별하지 않지만, 매일 포스팅을 하면서 조금씩 표현이 다양해지고 사고의 깊이도 깊어지는 걸 느끼게 된다. 글도 많이 쓰면 쓸수록 는다고 한다. 그러다보니 내가 올린 사진과 글에 만족도가 높아진다. 지나친 나르시시즘(Narcissism)만 주의한다면 SNS는 자존감을 높이는데 도움이 될 수 있다고 본다.

SNS를 온라인으로만 하면 반쪽이라 생각한다. SNS 포스팅을 보면 그 사람의 향기를 느낄 수 있다. 그만이 가지고 있는 개성이나 사상, 철학 등을 엿볼 수 있는 것이다. 그래서 많은 수의 SNS 친구가 있어도 '유유상종'으로 친하게 마련이다. 감사하게도 SNS 친구 중에 훌륭한 분들과 인맥을 형성하게 됐고 오프라인에서 만나 좀 더 친밀해진 경우가 많다. 그 중에는 시인, 작가들이 있는데 좋은 영향을 많이 받았다. 어릴 때 버킷리스트에 작가가 있었기 때문이다.

필자는 수제나(수신제가나비)독서포럼 회원으로서 주1회 새벽 5시반부터 3시간 모임을 가지고 있다. 수제나 독서포럼에는 이미 책을 펴내신 작가님이 여럿 있고 준비하는 멤버도 많이 있다. 수제나 멤버들의 영향도 있었고, SNS 친구들도 권유를 해서 지난해에 책을 쓰기로 마음을 먹었다. 어떤 주제로 쓸 것인가도 정했다.

그런데 프로세스를 알지 못하고 진행을 하려고 하다 보니 제대로 시작을 못하고 있었다. 고민하는 중에 SNS를 통해서 나처럼 책을 쓰려는 사람을 코칭해주는 작가님을 만나게 되었다. 우선 스토리텔링을 통해 그동안의 이야기들을 서로 공유하고 그 안에서 책의 콘셉트를 잡아갔다. 막연했던 책 쓰기에 대한 안개가 걷혀가는 느낌이었다. 혼자서는 몇 년 걸릴 수 있지만, 책 쓰기는 노하우를 알면 엄청난 시간단축이 가능하다는 걸 알게 됐다. 먼저 배운 선배들의 경우 초고는 대개 두세 달 안에 완성했다.

SNS를 하지 않았다면 과연 작가라는 꿈을 이렇게 빨리 이룰 수 있었을까. 그렇지 않을 것이다. SNS가 아니었다면 이렇게 엄청난 네트워크를 형성할 수 있었을까? 아니라고 본다. 누군가 현대인은 '찍고 SNS에 올리는' 사회에 살고 있다고 했는데, SNS는 분명히 부정적인 영향을 줄 수 있다. 특히, 10대들은 SNS 친구나 팔로워들을 더 많이 모으기 위해 선정적인, 자극적인 콘텐츠를 무분별하게 공유하기도 해서 사회문제를 야기하고 있다. 이러한 문제들은 사회전체가 공동으로 풀어가야 할 과제라고 생각한다. 우선 SNS 유저들이 기본적인 매너를 가지고 각자의 영역에서 SNS 세상을 잘 세워나가기를 소망하고 기대해본다.

이 원고가 담긴 책과 다음에 출간될 개인저서가 시내 서점에 꽂혀있는 것을 목격했을 때 그 느낌이 어떨까? 꿈 많던 시골소년이 서울로 올라와서 이제 어른이 되었고, 그의 이야기가 누군가에 공감이 되고 좋은 파장을 일으킬 수 있다고 한다면 상상만으로도 행복하고 가슴이 벅차오른다. 이런 기분 좋은 상상은 언제나 나를 자극시킨다. 당신도 당신만의 기분 좋은 상상에서부터 자신의 꿈을 이뤄나가길 바란다.

정상준

• 자기계발 작가

1993년 서울에서 태어났으며 한국외국어대학교 글
로벌캠퍼스 영어통번역학부를 졸업했다. 졸업 이후
패션 분야에 관심이 있어 SNS 패션 매거진 '패션앤
스타일'에서 콘텐츠 에디팅 및 마케팅 업무를 담당했
다. 이후 구찌 코리아 리테일팀에서 인턴으로 근무하
던 중 작가의 꿈을 좇아 회사를 그만두고 현재는 개
인 SNS 계정에서 '그냥문득' 이라는 제목으로 짧은
글귀들을 적으며 그 꿈을 키워나가고 있다.

E-Mail   rhlguf1@naver.com
Blog   http://blog.naver.com/rhlguf1
Instagram @jnivekk

꿈꾸는자들의이야기

Dream!ng 2

7장

정상준
Dream!ng

지나가는 봄

글을 쓴다고 인턴 생활을 관둔 지 어느덧 3개월이 흘렀다. 오늘도 습관처럼 집 앞 카페에서 작가 지망생 흉내를 냈다. 노트북을 켜놓고 그 옆에는 고작 10페이지 정도 읽은 '데미안'을 꺼내 놓은 채 말이다.

집에서 영화 한 편을 보고 늦은 점심을 먹고 카페로 나온 나의 하루는 여유로움, 그 자체였다. 그 여유로움이 카페까지 따라왔던 걸까, 나의 손은 지나치게 여유를 부리고 있었다. 내 손은 노트북 위에서 10초 정도 머무르다 핸드폰을 만지기 여념이 없었고 시간은 확인할 때 마다 1시간씩 지나가 있었다. 그렇게 카페에 온지 4시간 정도가 흘렀을 무렵, 무엇을 했는지 돌아보는 시간에는 허무함 가득한 공허함만이 남아있었다.

알 수 없는 두려움에 덜컥 겁이나 주위를 둘러보았다. 다른 이들도 나와 마찬가지라는 안도 섞인 위안을 받고 싶었지만 다른 사람들은 나와는 다르게 다들 바쁘게 무언가를 하고 있었다. 인터넷 강의를 보기도 하고, 책을 펴놓고 공부를 하기도 하며 말이다.

불안했다. 하고 싶은 것을 하기 위해 회사나 학원이 아닌 카페에 나온 이 상황이 너무나 불안했다. 불안함은 나를 더 산만하게 만들었다. 그렇게 더 이상 카페에 있는 게 무의미하게 느껴질 무렵, 짐을 싸들고 밖으로 나왔다.

허무한 마음을 위로해 볼 겸 카페 옆 코인 노래방으로 들어갔다. 허무했던 하루는 계속 마음을 불편하게 만들었고 그 불편함은 내 노래들을 듣기 싫은 소음으로 만들었다. 괜히 옆방에서 부르는 노래들은 잘 부르는 것처럼 들렸고, 내 노래는 나에게 어울리지 않는 노래들처럼 듣기 싫게만 느껴졌다. 엉망이었던 노래가 끝나고 노래방 화면에 나온 100점은 나를 조롱하는 것만 같았다. 뭐가 100점이라는 건지.. 답답한 마음에 그 좁은 노래방에서 어서 나가고 싶었다. 다시 한 번 짐을 싸들고 밖으로 나왔다. 기분은 여전히 카페에서 나왔을 때와 다름이 없었다. 그렇게 만족스럽지 못한 노래들을 뒤로 한 채 카페 길을 건너 집으로 향했다. 어디에 있어도 불편하고 불안할 뿐이었다.

여름이 시작되기 전이라 아파트 단지 안에는 봄바람이 아쉽게 불고 있었다. 노트북과 책이 담긴 가방이 유난히 무겁다고 느껴질 때 쯤, 단지 안의 한 나무 앞에 멈춰 섰다. 그 나무는 내가 회사를 다닐 때 사진을 찍곤 했던 나무였다. 나무에는 항상 잎들이 무성했는데 무성한 잎들이 정원등을 둘러싸고 있어 조명 빛이 나뭇잎 색으로 빛났다. 인턴 생활을 하던 때는 붉은 단풍 때문에 붉은 빛을 내뿜던 정원등이 이제는 초록빛을 내뿜고 있었다. 정신없이 살던 인턴 시절 붉은 빛을 내뿜던 정원등은 나에게 작은 위로와 사진으로 남길 예쁜 피사체들을 제공해주었다. 아마 그 빛을 카메라로 담던 날도 정신없이 업무를 보다 늦은 귀가를 하던 하루였을 것이다.

잠시 그 때의 생각에 잠겨 나무를 멍하니 바라보다 알 수 없는 먹먹함이 느껴졌다. 먹먹함이라는 감정이 맞는지는 잘 모르겠지만 그 알 수 없는 감정에 코끝이 찡해져 왔다. 내 마음을 자세히 들여다보아도 코끝이 찡해진 뚜렷한 이유는 찾을 수 없었다. 무언가 이유를 찾아야 했다. 후회든 답답함이든 뭐든지 말이다. 그러다 도달했던 결론은 단풍이 푸르게 변할 동안, 약 9개월의 시간이 흐르는 동안 나는 나를 구해내지 못했다는 것이었다.

하루의 절반 정도 되는 시간을 회사라는 기계의 톱니바퀴로 살던 나에게 미안했다. 물론 그 톱니바퀴 생활에서는 구해냈다고 할 수 있겠지만 지금 모습은 기계에서 떨어져 나와 특별한 쓰임새가 없어진 고철, 딱 그 정도였다. 과거의 나는 9개월 후의 자신이 지금보다는 더 나은 모습일거라고 희망하고 있었을 것이다. 회사에 남아 있었다면 정직원으로 전환되었다든가, 회사를 나왔다면 회사를 관둔 그 목적에 열정을 갖고 쫓고 있는 최소한의 그런 모습을 말이다.

그런 꿈을 꾸고 있었을 9개월 전의 나를 마주할 면목이 없었다. 불안하기만 한 방황이 과거의 힘듦과 노력을 가치 없는 것으로 만들고 있는 듯 했다. 그리고는 문득 상상했다. 나무에 단풍이 가득했을 때의 내가 2017년 6월 푸른 잎으로 가득한 나무 앞에 나에게 나타난다면, 우리는 무슨 말을 나누고 있을까 하고 말이다.

 아마도 과거의 나는 호기심 가득한 표정으로 나에게 물었을 것이다.

과거의 나

"얼마나 시간이 흐른 거야?"

"아마.. 9개월 정도 흐른 거 같아."

"9개월이면, 꽤 시간이 흘렀네! 뭐야?! 회사를 다녀온 차림은 아닌데, 회사는 관둔 거야?"

"응.. 17년 3월 초에 관뒀어."

"그럼 지금은? 지금은 어떻게 지내?"

"아.. 그.. 그냥 이것저것 하면서 지내고 있어."

"다른 목표가 생긴 거야?"

"응.."

나의 모든 대답들은 떳떳하지 못했다. 우물쭈물하는 모습이 과거의 나에게 빤히 보였을 것이다.

"왜 이렇게 주눅이 든 거야? 내가 과장님도 아니고. 그냥 궁금해서 묻는 거야, 지금 어떻게 지내는데?"

"글.. 쓰고 있어."

"글?"

"응, 왜 작년에 너 글 쓰는 거 좋아했잖아."

"뭐 잠깐 좋아했던 때가 있었지. 우리 이렇게 아니라 좀 앉아서 얘기하자."

과거의 나는 나무 옆 벤치에 풀썩 앉으며 말했다.

"오늘도 너무 힘들었어. 제때 퇴근한 적이 없다니까."

"그 때 항상 그랬지. 꼭 퇴근 때 일을 맡기니까."

"내일도 일이 산더미야. 아마 오래 얘기하진 못할 거 같아. 빨리 집 가서 그냥 쉬고 싶어."

"맞아, 빨리 쉬어야지."

과거의 나는 나를 빤히 쳐다보았다. 아마 내가 그런 표정일 때 어떤 마음인지 알고 있기에 그랬을 것이다.

"왜 그래? 뭐가 마음대로 안 되는 거야?"

"하긴 너한테 뭘 숨기겠어."

"뭔데 그냥 털어놔봐, 나한테 말 못할 게 어디 있어."

맞는 말이었다. 내 생각을 나한테도 말 못 하면 난 누구한테 이 생각을 털어놓을까 싶었다. 그러면서도 나이기 때문에 더 털어놓지 못할 것 같았다.

"그냥 너라서 더 말하기가 어려운 거 같아."

"흠.. 말하기 어려운 거면 굳이 말 안 해도 돼."

더 시간을 끌다간 과거의 내가 집에 들어갈 것만 같았다.

"그냥 뭐가 잘 안 돼."

"글 쓰는 게?"

"응, 그냥 큰 소리 치면서 어떤 길에 들어섰는데 마냥 헤매고 있는 거 같아."

"그럼 뭐 막 잘될 줄 알았어?"

할 말이 없었다. 너무 당연한 걸 잊고 있던 기분이었다.

"아니 그런 건 아니었는데, 이 정도로 아무것도 못할 줄은 몰랐어."

과거의 내가 잠시 한숨을 내쉬었다. 아마 답답한 마음이었을 것이다. 처음부터 잘 해보겠다는 욕심과 근거 없는 자신감이 그저 철없는 어리광처럼 들렸을 것이다. 과거의 내가 한숨을 내쉬며 입을 열었다.

"너 처음 회사 입사했을 때 기억나?"

"기억나지, 어떻게 그걸 잊겠어."

"어땠는데?"

"엄청 낯설었지, 부장님들 이름만 해도 몇 번을 외웠는지 몰라. 지금은 얼굴만 떠올려도 바로 바로 생각나는데."

"맞아, 지금도 매일 같이 불러야 하는 분들이라 입에 아주 붙었어."

"근데 입사한 날은 왜?"

"너 입사한 첫 날, 얼마나 정신없었는지 기억나지?"

"기억나지… 그 때 패키지가 뭔지도 모르면서 출고 작업하는데, 창고에서는 메일에 수량 잘 못 됐다고 항의 전화 오고, 뭐 내가 뭘 안다고 나한테 그렇게들 큰 소리를 치는지."

"나 오늘도 회사에서 종일 혼나고 왔어, 일 하다 실수해가지고."

"작년에 좀 혼났어? 처음에 입사했을 때는 아무것도 몰랐는걸. 안 혼나고 지나가는 날이 없었지 뭐."

과거의 나는 혼자 웃었다. 처음부터 잘해보겠다는 사람이 처음부터 잘 할 수 없다고 말하는 기분이었을 것이다.

"그래서?"

과거의 나는 뭐 짚이는 거 없냐는 듯이 물었다.

"그래서?"

"응, 내가 왜 입사했을 때 얘기하는지 모르겠어?"

입사 초기에 내 모습을 신나서 떠들어대던 나는 감을 잡았는지 과거의 나를 따라 웃었다. 그리곤 과거의 나에게 조금은 창피하다는 듯이 답했다.

"내가 욕심내는 거지?"

"응, 네가 욕심 부리고 있다는 걸 몰랐다고는 하지 마"

"나도 알고 있었겠지.. 근데 그냥 그걸 인정할 자신이 없었던 걸까?"

"그냥 그러기 싫었겠지, 우린 뭐든지 적당히는 해냈으니까, 적당히는 하고 있기를 바란 거겠지."

과거의 내가 조금 매정하게 느껴졌다.

"근데 그럼 왜 적당히도 못하고 있는 거데, 이거 이상은 할 수 있잖아"

"네가 얼마나 못하고 있는지는 모르겠는데, 네가 적당히 도 못하는 이유는 처음 하는 일인데 그만큼 노력도 안하고 있으니까 그런 거겠지."

과거의 내 얘기를 듣고 있자니 내가 이렇게 냉정했나 싶은 마음이 들었다. 생각해보면 나보다 조금이라도 게으르거나 부족하면 속으로 그 사람들을 한심하다고 여겼던 게 한두 번이 아니었다. 그랬던 내가 지금은 과거의 나에게 한심한 사람 취급을 당하고 있었다.

"나한테 화났어?"

문득 두려워졌다. 과거의 내가 나에게 실망할까봐, 과거의 나에게 괜한 고민거리를 안겨 주었을까봐. 미래로 간 맥플라이(영화 '백투더퓨처'의 주인공)가 근심거리를 한 가득 안고 과거로 돌아갔던 것처럼. 잠시 미래로 온 과거의 내가 그냥 근심거리만 가득 안고 다시 과거로 돌아갈 까봐 걱정됐다.

"화? 내가 왜 너한테 화를 내?"
"그냥, 실망스럽지 않아? 너의 미래를 이렇게 살고 있는 내가?"

과거의 나는 나를 잠시 쳐다보더니 말을 이었다.

"뭐, 내가 생각했던 대로는 아니라서 아쉽긴 하지만, 실망스러울 건 없어, 9개월 만에 내 인생에 어떤 극적인 발전이 있을 거라고 생각해본 적은 없어. 심지어 글쓰기 시작한 건 한 3개월 됐을

177

거 아냐. 시작이 대단하지 않다고 너에게 실망을 하고 있다면 나
는 인턴인 나 스스로에게 실망하며 살아야 되나?"

"그건 아니지.."

"널 좀 믿어봐. 자신감을 가져. 처음부터 잘하는 사람은 없어.
모두들 무언가를 못하는 자신을 보면서 넘어지고 부딪히면서 나
아지는 거잖아. 지금 네 모습에 실망하지도, 조급해하지도 마. 불
안한 마음에 너를 채찍질 하는 일은 더 나중에 해도 돼."

9개월이나 어린 내가 오히려 형같이 굴었다.

　　나의 마음은 조금 편해졌지만 내가 마주한 상황을 계속 얘기하
다보니 불안한 마음은 더 깊어졌다.

　　"나는 앞으로 어떻게 해야 될까?"
　　"뭘 말이야?"
　　"그냥.. 내 20대를 나는 어떻게 보내야 할까?"
　　"글을 쓰고 싶다며, 글을 열심히 써봐! 그게 너의 할 일이지."

　　정말 어떻게 살아야 할지 몰라서 물은 건 아니었다. 그냥 과거
의 나와 더 얘기하고 싶었을지도 모른다. 글을 쓰기로 한 나의 결
심 자체가 잘 못된 것이 아닐까하는 불안함과 성과 없는 상황 속
에 스스로에 대한 불신이 자꾸 과거의 나에게 말을 걸게 했다.

　　"내가 잘못 된 선택을 한 거 같아 불안해, 가끔은 내가 왜 글을
쓴다고 했을까 후회도 돼."

　　과거의 나에게 평소에 하지 못했던 말들이 계속 새어 나왔다.

나는 남들에게 불안한 마음을 드러내기 싫어서 그것들은 마음속 깊이 숨겨 두곤 했다. 하지만 너무 오래 숨겨뒀던 까닭일까, 과거의 내 앞에서는 불안한 마음을 계속 말하고 싶었다.

과거의 나는 계속되는 어리광에 조금은 지쳤다는 듯이 말했다.

"무슨 말인지는 알겠어. 하지만 너 이제 겨우 스물다섯 살이잖아. 당연히 불안할 수 있는 거 아니야?"

과거의 내가 매정하다고 느껴졌는지 나는 조금은 따지듯이 물었다.

"불안한 게 당연한 거야?"

과거의 나 또한 질세라 목소리에 더 힘을 주어 말했다.

"우리 처음 살아보는 이십 대잖아. 우리가 이 나이에 정확히 뭘 해야 되는지 어떻게 확신만 할 수 있겠어."

"하지만 스물다섯 살에 벌써 자신의 길을 찾은 사람도 있는 걸."

"그건 그 사람들이고. 남들보다 조금은 빨리 자신이 해야 할 일을 찾은 것뿐이야. 모든 사람들이 같은 때에 자신의 꿈과 비전에 확신을 가질 수는 없잖아. 네가 지금 겪는 불안함을 누군가는 스무 살에, 누군가는 서른 살에 겪을 수도 있는 거야."

틀린 말이 없었다. 나의 모든 말들은 지금의 방황을 다른 요인으로 돌려보려는 변명에 불과했다. 부질없는 변명을 하고 나니 더 이상 할 말이 없었다. 둘 사이에 잠시 정적이 흘렀다. 나는 내가 내뱉은 변명들로 인한 창피함 때문에, 과거의 나는 조금 세게 쏘아 붙이지 않았나 하는 미안함 때문에 말을 하지 못했다.

내가 먼저 말을 꺼냈다.

"네 말이 맞아. 맞는 걸 아는데도 불안한 마음을 어떻게 해야 할지 모르겠어."

"그럼 그걸 인정하고 받아들이면 돼, 네 불안함은 당연한 거야. 그리고 네 선택을 더 믿어봐."

나는 조금 더 위로를 받고 싶었는지 대꾸를 하지 않았다. 이어서 과거의 내가 말을 이어 나갔다.

"한동안은 더 불안할거야. 네가 가기로 한 길이 단번에 성과가 나오는 분야도 아니고 너의 태도도 단번에 변하긴 어려울 거야. 하지만 그 불안함이 너를 네가 가고자 하는 곳으로 이끌 수도 있어."

"그게 무슨 말이야?"

"어떤 길을 나아가는데 계속 불안하다면 너는 이 길을 떠나고 싶을지도 몰라. 이 불안함이 하나의 지표가 될 수 있다는 거야. 확신은 네가 맞는 길을 가고 있다는 지표가 되고 불안함은 네가 새로운 길로 떠날 수 있도록 하는 지표가 될 거야."

"내가 새로운 길을 찾아야 한다는 거야?"

"우선은 더 해봐야지. 저기서 말한 불안함은 네가 할 만큼 다 했는데도 방황할 때 느껴지는 불안함을 얘기한 거야. 지금 길을 바꾸는 건 그냥 포기에 불과해."

"그렇겠지.. 무슨 말인지 알겠어."

이제는 위로만 바랄 수는 없었다. 나의 결심이 필요했다. 내 마음을 알았는지 과거의 나는 나에게 힘을 더해주었다.

"나도 지금 불안해, 내가 여기에 있는 게 맞는지 잘 모르겠어. 물론 입사한지 얼마나 됐다고 벌써 일을 관둘 생각은 없어. 적어도 너한테 말해준 것처럼 나의 최선은 다해보고 나오고 싶어. 지금 회사를 관둔 거 보면 너는 아마 불안함을 따라 길을 바꾼 거겠지. 이번에도 그렇게 하면 돼. 네 선택을 믿고 최선을 다해봐, 쓰고 싶은 글을 마음껏 쓰고 도전해봐. 그래도 길이 보이지 않으면 그 때는 저번처럼 새로운 길을 찾아. 새로운 길을 찾는 건 설레는 일이잖아."

아마 나는 나의 방황을 실패 또는 뒷걸음질 정도로만 생각했던 것 같다. 계속해서 뒤처지거나 낭비를 하는 시간으로 말이다. 방황은 나를 새로운 어딘가로 이끄는 지표가 될 수 있는 것이었다.

"맞아, 네 말이 맞아. 그렇게 할게."

파란불

"이제 된 거지?"

과거의 내가 물었다.

"응 이제 괜찮아, 너무 어리광 부려서 미안해."

안심의 미소를 짓는 과거의 나에게 내가 말을 이어갔다.

"그래도 이것저것 털어놓으니 맘이 편하다."
"지금 네가 나를 위로해줘야 되는 거 아니야? 난 내일 아침 7시
에 일어나야 된다고."
"내 기억에 회사에 지각한 적은 없었으니까, 내일도 잘 일어나
서 출근할거야."

과거의 나는 편안해진 내 모습을 보곤 안도의 한숨을 내쉬더니,
시계를 확인했다. 슬슬 들어갈 때가 된 것 같았다.

"집에는 별 일 없지?"

"그럼, 부모님 다 건강하시고, 동생 녀석은 곧 전역이야."

"다행이네, 근데 나 혹시 내일 회사 가서 혼날까? 네가 대신 출근하면 안 돼?"

"그런 건 안 될 걸, 아마?"

"아 모르겠다, 내일이 안 오면 좋겠어."

이제는 과거의 나를 보내줘야 할 것 같았다. 그리고 떠나기 전에 꼭 고맙다고 말하고 싶었다.

"고마워."

과거의 나는 제법 멋있는 말이 떠올랐는지 허공을 응시하면서 마지막으로 할 말을 정리하는 듯 했다.

"불안함은 아플 때 열이 나는 거랑 비슷한 게 아닐까? 열이 나는 게 아프다는 걸 알려주는 신호인 것처럼 불안함은 이상한 게 아니라 단지 우리가 많은 고민과 결단이 필요한 때를 지나고 있다고 알려주는 신호 같은 걸 거야. 아픔이 사라지면 열이 내리는 것처럼 충분히 고민하고 결단을 한 뒤에는 불안함도 조금씩 사라질 거야. 그 땐 처음 글을 쓴다고 결심했을 때처럼 힘차게 네 길을 갈 수 있을 거야."

과거의 내 말에 마음이 편해졌다. 불안함은 내가 어떤 때를 지나고 있는지 알려주는 신호였다.

"종종 답답하면 또 불러, 난 항상 이 시간쯤 집에 가니까. 네가 원하면 몇 십분 정도는 언제든지 내 줄 수 있어."

매정했던 과거의 나는 어느새 나의 든든한 친구로 변해 있었다. 과거의 나는 다시 시계를 보더니 내려놓았던 가방을 메고 자리에서 일어났다.

"이제 가야 되지?"
"응, 슬슬 들어가야지, 가서 씻고 좀 쉬다가 자려고."
"오늘 고마웠어."
"뭘, 다음에 만날 때 멋진 글이나 한 편 써서 보여줘."
"그래 꼭 보여줄게."

과거의 나는 그렇게 집 쪽으로 사라져갔다. 뭔가 다 털어놓을 수 있는 친구 한 명을 얻은 것 같아 기분이 좋았다. 매정했던 과거의 내가 나의 좋은 친구가 된 것처럼, 불안함은 나를 옥죄는 무언가에서 내가 믿을 수 있는 좋은 표지판이 되어 있었다.

생각보다 얘기를 오래 했는지 문득 밖이 춥다고 느껴졌다. 집으로 가려는데 다시 그 나무가 눈에 띄었다. 오늘 처음 봤을 때처럼 먹먹하게 느껴지진 않았다. 그냥 나의 좋은 친구를 언제든지 만날 수 있는 장소라고 여겨질 뿐이었다. 시간의 야속함을 느끼게 한 정원등의 초록빛은 이젠 신호등에 파란불 같이 나의 출발에 힘을 실어주는 빛이 되었다.

잠시 내게 열이 나고 있던 것뿐이었다. 그리고 그 열은 내 20대에 한 번쯤은 나타날 증상이었다. 이유를 모른 채 앓고 있던 열의 의미를 깨닫고 나자 그 뜨거움과 어지러움도 그럭저럭 견딜 만했다. 고민과 노력은 곧 이 열을 조금씩 가라앉혀 줄 것이다. 충분한 고민과 노력의 끝에 열의 뜨거움은 열정의 뜨거움으로 바뀌어 있을 거라 믿는다.

글을 쓴다고 인턴생활을 관둔지 3개월이 흘렀고, 곧 4개월이 될 것이다. 한 달 후, 과거의 나를 다시 마주한다면 그때는 식어버린 불안함을 뒤로한 채 앞으로 나아가는 나를 보여주고 싶다. 그때는 더 이상 무의미하게 시간을 보내고 있지 않을 것이다.

신동훈

- 자기계발 작가
- 자소서 코치

다양한 분야의 사람들의 커리어 디자인을 도와주고, 성공적인 취업방법을 연구하고 있다. 개인컨설팅, 대학생, 여성센터에서 자기소개서 코칭을 통해 가장 쉽고 빠르게 작성하는 방법을 지속적으로 연구하며 커리어 코칭 전문가가 되기 위해 노력하고 있다. 강의 분야로는 취업전략, 진로 및 비전 설정, 입사서류 작성 방법, 면접스킬, 모의면접, 기업분석, 직무분석, 구직마인드 강의를 하고 있다.

_ 現 내일취업코칭스쿨 (2017)
_ 前 미래경력개발원 선임 연구원 (2016~2017)
_ 前 한국표준협회 전문위원 (2016~2017)
_ 前 CIA 에듀컨설팅 취업첨삭 전문위원 (2016~2017)
_ 前 MD 교육기관 취업보도국 (2016)
_ 前 구루피플스 연구원 (2015~2016)

E-Mail knateon@nate.com

꿈꾸는자들의이야기

Dream!ng 2

8장

신동훈
Dream!ng

내 삶의 지원동기- 하고 싶은 일을 한다는 것

세상에 과연 몇 명이나 하고 싶은 일을 하며 지내고 있을까? 학창시절에는 몰랐지만 직장인이 되고나서야 '하고 싶은 일'이란 것이 현실 보단 꿈의 이야기란 걸 깨달았다.

학창시절 정말 하고 싶은 일이 무엇인지 고민해 본 경험은 누구에게나 있을 것이다.

"나는 무엇을 잘 할 수 있을까?"

"나는 어떤 일을 해야 할까?"

하지만 현실은 내가 하고 싶지 않은 일들만 보여주는 것 같다. 많은 사람들이 더 좋은 일자리를 차지하기 위해 경쟁을 해야 하고, 자리를 차지하지 못한 사람들은 좌절을 겪는다. 이런 현실 속에서 "최선을 다해라, 끝까지 포기하지 말고 열심히 하라"라는 말이 과연 마음에 와 닿을 수 있을까? 이 물음의 답에는 한참을 고민하게 된다. 이 글을 쓰면서 과연 나는 지금까지 지내오면서 하고 싶은 일을 하고 살았는지 나의 시간을 되돌아 보려한다.

대학교 시절, 아버지와 같은 건설학과에 입학했다. 대학교 학과 선택 시 어떤 학과를 가고 싶다는 뚜렷한 목표 없이 지내다 보니 부모님이 권유하는 학과를 선택하게 되었다. 비록 흥미와 재미없는 과목들을 학습하였지만, 공부 계획도 세우고 도서관에 가서 틈틈이 공부를 하였고, 모르는 부분은 아버지의 도움을 받으며 학교 성적은 상위권에 속할 수 있다.

3초의 기쁨…

"이번 학기 성적 우수 장학생으로 선정되었습니다."의 문자를 4번 받았지만, 뿌듯함, 성취감, 자신감을 느끼기보다 3초의 짧은 기쁨을 느끼고 '다음 학기 성적은 잘 받을 수 있을까?' 두려움과 걱정을 더 많이 느끼게 되었다.

나에게는 상위권 학생으로 지낸다는 것은 불편한 삶일 뿐이었다. 똑같은 개념을 이해하는 것조차도 남들의 2~3배의 노력, 진로가 확실하지 않는 과목을 공부해야 한다는 불안감이 늘 지배적이었다. 이 전공과목으로 계속 밀고 나가야 하는 것인지, 아님 정말 내가 잘 할 수 있는 것을 다시 찾아야 하는지 의심의 연속이었다.

그래서 처음으로 결심하였다.

"그래 내가 하고 싶은 일에 도전해보자!"

취업 시즌이 되어 나는 '하고 싶은 일'에 지원하기로 하였다. 교육, 인사, 마케팅 등 정말 공대생이 될 수 없는 일들을 내가 좋아한다는 것을 취업 준비를 통해 처음으로 알게 되었다. 하고 싶은 일에 한 가닥 희망을 가지고 서류통과를 기다렸으나 전패.

"귀하의 역량은 뛰어나나 한정된 인원으로 채용하지 못합니다."

수십 통의 메일을 받으면서 좌절의 나날을 보냈다. 몇 번의 반복이 진행되다 보니 하고 싶은 일을 하기엔 너무나도 힘든 현실의 벽이 있음을 체감하게 되었다. 사실 직접 경험을 해보기전까지는 마음의 문을 돌리기 힘들었다. 객관적으로 하고 싶은 일을 하기에는 부족한 역량이었지만, 그땐 보이지 않았던 것이다. 희망을 가지고 행동하였지만 힘든 현실의 벽을 만나고 또 만나자 절망스러울 수밖에 없었다. 때론 하고 싶은 일을 하기 위해선 정면 돌파하기 하기 보단, 돌아갈 줄도 알아야 된다는 것을 이때 느끼게 되었다.

그날 이후 전공과 관련된 취업준비를 시작했다. 건설 관련 기사자격증도 취득하고, 건설관련 교육을 듣고 착실하게 스펙을 쌓아갔다. 그리고나서 취업문을 두드리니, 서류통과와 면접을 볼 수 있었고, 최종합격까지 맛볼 수 있었다. 비록 하고 싶은 일은 아니었지만, 일자리를 구했다는 안도감이 들었다.

하지만 출근의 즐거움을 그리 오래가지 못했다. 건설 설계업무에서 CAD프로그램 운영조차 쉽지 않았고, 시험공부에 암기했던 전공지식은 실전에 그리 도움이 되지 않았다. 특히 건설설계는 대학원을 나와야 이해할 수 있는 영역이여서 매일 회사에서 이해되지 않는 구조 계산식 공부와 과제, 그리고 설계 업무 등 점심시간 이외에는 쉴 틈이 없었고, 매일 밤 10시까지 근무는 기본이 되었다.

한 달을 그렇기 굴리니 몸과 마음을 지쳐갔고, 나의 유일한 휴식처 칸막이 화장실에서 눈을 잠시 붙이는 것으로 만족해야 했다.

화장실에서 동기부여 강의를 들으며 잠시 쉬다보니 강의 내용에서 "인생은 한 번이고, 정말 하고 싶은 일을 해야 하지 않겠니? 도전해야지 무엇이 두려 운거니?"라는 소리에 마음의 동요가 커졌다. 그때부터 다시 하고 싶은 일을 찾아 나가자 라는 결심을 하게되었다.

그날 이후 한 달 정도 내 마음에게 물었다.

'하고 싶은 일 찾아서 나가는 게 맞을까?'
'아니면 끝까지 버티면서 일하는 게 맞을까?'

나 자신에게 많은 이야기와 질문을 던졌다. 어느 순간 내가 회사를 나간다면 어떨까? 더 이상 마음에 불안한 감정은 느껴지지 않았고, 오히려 생각하면 생각할수록 마음이 편해졌다. 그때부터 좀 더 탄탄한 결심을 쌓을 수 있었고, 고심한 끝에 사직서를 제출

하고 회사 밖으로 나왔다.

오전에 회사에서 나와 맥주를 한 잔하며 2호선 지하철에서 일하는 사람들의 모습을 보며 허한 마음을 다잡아 갔다. "하나의 문이 닫히면 다른 문이 열린다."라는 말처럼 완전히 하나의 기회를 닫고 다른 곳을 바라보니 나에게 새로운 기회의 문이 기다리고 있었다. 퇴직한 이후 며칠간은 불안과 걱정으로 쉽게 잠들지 못하고 새벽 4시~5시에 잠들기 일쑤였다. 때로는 아버지가 출근할 때 인사하고 잠드는 경우도 많았다. 나름 계획을 만들고 퇴사했지만 쉽게 지켜지진 않았다. 답답한 마음에 여기저기 연락을 하다가 평소 학교 CS센터에서 일하시던 선생님이 생각나 잘 지내시는지 안부를 묻기 위해 전화 통화를 하였다. 이것저것 이야기 하다 하고 싶은 교육 일에 대해 고민을 쏟아 냈다. 이야기를 듣던 선생님은 "내가 최근에 교육받은 업체가 있는데 거기 대표님이 참 좋은 말씀을 해주셨는데 그분에게 한번 물어봐"라고 말하는 순간, 나에게 또다른 기회의 문이 열리기 시작하였다. 교육업체 대표님과 여러 번이야기 끝에 면접기회를 얻고 생소한 기업교육업체에 들어 갈 수있었다.

한 달 만에 건설 설계 일에서 기업교육 업체 신입사원이 될 수있었다. 확실히 "내가 하고 싶은 일"을 하다 보니 의욕도 생기고 활기도 넘쳤다. 교육 일을 하게 된다면 멋진 강사가 되어 교육생들에게 나의 지식과 즐거움을 주고 싶다는 꿈도 다시 세울 수 있었다. 취업시즌 내가 하고 싶은 일에 대해 도전하여 실패하였지만, 오히려 우선 할 수 있는 일에 집중하고 다시 한 번 기회를 찾아 도전하다보니 내가 진정 하고 싶은 일을 시작할 수 있었다.

허나 처음부터 이곳에 도전했다면 과연 똑같은 결과를 얻을 수 있었을까? 아마 이곳 역시 똑같이 나에게 현실의 단단한 벽을 보여주었을 것이다. 존 케이 작가가 저술한 『직진보다 빠른 우회 전략의 힘』은 직선로를 피하고 우회 전략을 통해 목표점에 좀 더 빠르게 도달할 수 있는 방법을 수록한 책에서 말하는 것처럼 도무지 해결할 수 없는 문제에 부딪쳤을 때는 정면에서 비켜나 다른 방식으로 해결책에 접근해보라는 것, 바로 우회로의 존재를 떠올려야 한다. 끝까지 물이 나올 때까지 한 우물만 고집하기 보단, 물이 나올 수도 있는 장소로 이동하는 것도 하나의 전략이 되는 것이다.

다양한 사람들이 미래의 불안감으로 또는 내가 하고 싶은 일, 내가 살고 싶은 방향을 위해 퇴사를 꿈꾸는 사람들이 늘어나고 있다. 막상 퇴사를 결심하고 나오기 까지 쉽지 않은 선택일 것이다. 주변에서 "퇴사?", "너무 쉽게 포기하는 거 아냐?" "좀 만 더 해보는 것 어때?" "끈기가 없네.." 라는 말을 듣게 되더라도 나는 내가 원하는 일을 하기 위해 다시 취업 시장에 뛰어 들었다. 그리고 현재는 내가 원하는 일을 할 수 있는 곳에 들어 갈 수 있었다.

내가 원하는 일을 한다고 해서 매일이 기쁘거나 행복한 상태가 지속되는 것은 아니다. 오히려 내가 하고 싶은 일을 하기 위해 더

195

희생해야하고 전보다 노력해야 할 것들이 더 많아질 수 도 있다. 그럼에도 불구하고 내가 하고 싶은 일을 지속하는 것은 "내가 쓸모 있음"을 느끼게 만들어 주기 때문이다. 세상에 내가 도움이 되고, 그것이 기쁨으로 되돌아오고, 또 나를 움직이게, 발전하게 만들어 준다.

"어떻게 하면 하고 싶은 일에 도전할 수 있죠?"

이렇게 물어본다면, 어떻게 하다 보니 하고 싶은 일에 도전하게 되었어요. 라고 답하겠다. 세상이 우리에게 바라는 것은 무엇을 한다면 도전할 수 있게 만들어주는 것이 아니라. 어떻게 할 수 있는 상황 속에 나를 밀어 넣는 순간, 세상은 도전할 수 있게 길을 열어주는 것 같다. 아직 미련이나 갈등이 있다면 아직 때가 온 것이 아니다. 흔들리지 않는 마음! 만약 그 마음이 한 달 이상 유지된다면 움직일 타이밍이다. 당신에게 무엇이 없을 수 있지만, 어떻게 할 수 있는 상황 속에 한발 들어가면 또 다른 문이 당신을 기다리고 있을 것이다.

"스스로 움직이지 않으면 아무도 당신의 운명을 개선시켜 주지 않는다!"

성장과정 – "가"에서 "A+" 받기

어떻게 성적을 올렸는지 궁금하시죠?

정답을 공개하도록 하겠습니다. "공부해야 하는 이유를 내면에서 찾아보세요!"

우리의 내면에는 이미 공부를 잘할 수 있는 힘과 열정이 존재한다. 다만 우리가 집중하지 않고 찾지 않았기 때문일 뿐이다. 공부를 잘하기 위해 나 자신을 보는 것이 아니라, 공부를 잘해야 하는 이유를 밖에서 찾고 있기 때문에 늘 공부가 어려워지는 것이다. 물론 머리가 좋은 것도 공부를 잘할 수 있는 중요한 요소가 될 수 있지만, 필수는 아니라고 생각한다. 머리보단 내가 공부해야하는 이유를 찾는다면 이유가 머리의 지능을 뛰어 넘을 수 있다.

중고등학교 시절에는 뒤에 앉기 좋아했고 공부에 흥미가 없었다. 다른 친구들은 술술 이해하고, 암기하고, 문제를 푸는 것을 나는 하지 못했다. 하고 싶었지만 몸이 따라주지 않았다. 특히 영어과목은 제일 자신이 없었다. 다른 과목은 교과서가 한글로 작성되어 있으니 읽을 순 있었지만, 영어는 읽을 수도 없고 이해할 수 없었다. 늘 참고서를 책 뒤에 놓고, '선생님이 오늘은 제발 영어 읽기와 해석을 시키지 않았으면 좋겠다'라고 기도드리며 영어 시간을 보냈다.

영어의 첫 벽인 문법 공부가 가장 힘들었다. 명사, 대명사, 형용사, 부사에 대해 알게 되고 본격적으로 명사를 알아보기 위해 가산명사, 불가산명사를 암기해야하고, 불필요한 명사 법칙 까지 꼼꼼하게 따지고 들어가니 늘 문법 공부는 명사에서 지치게 되었고, 정작 독해에 필요한 문법 공부는 알지도 못하고 문법 책을 덮기만 여러 번 하였다. 문법은 못해도 단어만 많이 알면 해석이 가능할 거라 생각하였지만, 단어 암기는 끈기를 요구하였다. 늘 욕심내어 하루에 100씩 암기하자 결심하였지만, 작심 3일이 대부분이었다.

모든 방법이 다 실패로 돌아가자 학습지의 탓으로 느껴져 영어 공부에 대해 쉽게 할 수 있는 책이나 강의를 등록하면서 영어 공부가 잘 되길 바랐다. 한 달에 몇 권씩 영어 학습법에 대해 구입하고, 비싼 동영상 강의도 신청하여 들었지만 딱 거기 까지였다. 새로 산 영어 학습 책은 처음만 읽고 뒤는 깨끗하고, 동영상 강의도 첫 강의만 듣고 미루기를 반복하였다.

영어가 잘 하고 싶은 과목이었던 것은 사실이나 왜 잘해야 하는지 찾아보지 않고, 잘 하고 싶다는 열정만 소비하고 끝나버리는 것이 일상이었다. 다른 교과목 성적도 영어성적과 다를 바 없었다. 다만 영어보단 문제를 잘 읽을 수 있었으나 잘 풀지는 못했다. 그러다보니 수능점수는 엉망이었고, 재수를 통해 기적을 만들어

보겠다는 결심도 오래가진 못했다. 모든 것을 포기하고 수능 성적에 맞춰 집과 멀리 있는 대학교에서 나를 받아 주게 되어 겨우겨우 대학교에 입학 할 수 있었다.

대학교는 고등학교와는 전혀 다른 분위기였다. 대학교는 내가 정한 스케줄에 나를 맞출 수 있었다. 또한, 선생님이 나를 감시하는 것이 아니라 나 스스로 나의 행동과 주변의 일들에 대한 통제가 필요하였다. 그렇다보니 태어나서 처음으로 누군가 정해준 삶이 아닌, 진정 내가 정하는 삶을 보내게 되었다.

내가 정하는 시간! 대학교는 내가 정한 시간과 스케줄에 맞춰 움직이고 행동해야 했다. 그러한 자유 속에 마음에 쑤욱 들어온 키워드 하나!

책! 임! 감!

모든 행동이 나의 책임으로 지내야 한다고 하니, 모든 관점이 새롭게 태어나게 되었다. 집에서 학교까지 왕복 4시간 동안 '나에 대한, 내 삶에 대한' 여러 가지 깊은 고민에 빠지곤 하였다. 특히 꽉 찬 1호선에서 땀을 삐질삐질 흘려가며 서울에서 수원까지 서서 가야할 때는 '내가 왜 이렇게 살아야 하나?' 나 자신에게 많은 질문을 던지게 되었다.

내가 앞으로 살아가야 할 길이 무엇일까? 무엇을 먼저 해야 하나 찾던 중 한 가지는 학생신분으로서 최선을 다하는 것이었다. 책임감을 가지고 앞으로 살아가야 할 나 자신에 대해 살길은 '공부'밖에 떠오르지 않았다. 가장 못하는 것이 공부였지만, 나의 신분으로서 최고의 살길은 공부밖에 보이지 않았던 것이다. 지금은 학생이니 공부를 잘하면 무언가 보이지 않을까? 라는 생각을 했던 것이다. 공부를 잘하면 뭔가 잘 되겠지, 뭔가 하고 싶은 일이 보이지 않을까? 새로운 기회가 보이지 않을까? 하며 나에 대해 희망을 찾기 시작하였다.

김밥 한 줄 먹으면서 도서관 가기

그 때부터 미친 공부가 시작되었다. 제일 공부를 못하는 나에게 절대적으로 필요한 것은 이해력도 아니고, 좋은 교재도 아니었다. 시간! 시간 확보가 중요했다. 이해력도 시간을 많이 투자한다면 극복할 것이고, 어려운 내용도 시간을 많이 투자하면 이해 될 것이라고 생각했다.

그날 이후 나는 스스로 아웃사이더로 행동하게 되었다. 수업이 끝나고 바로 도서관 가기, 점심 안 먹기, 이동시간 틈틈이 공부하기 3가지 방법을 택했다.

수업만 끝나면 바람과 함께 사라지듯이 친구들과 이야기 없이 교실 밖을 빠져 나갔다. 사실 친구들과 대화해도 문제는 없었지만, 대화를 나누고 나면 꼭 어딜 같이 가자고 제안하거나, 어디 갈 때 같이 가자고 할까봐 겁이 날 정도로 시간 확보에 집착하였다. 최소한의 인맥관리만 유지한 채 교실을 빠져 나왔고, 점심은 식당에서 먹지 않고, 김밥 한 줄을 사서 도서관 까지 거리를 걸어가면서 점심을 해결하였다. 본관에서 도서관까지 도착하려면 15분 정도 시간이 걸리는데 그 시간도 아까워 밥 먹는 시간으로 활용하게 되었다. 처음에는 김밥을 먹어가면서 다닐 때 부끄럽긴 했지만 명확한 목표가 있는 나에겐 그러한 시선은 문제 되지 않았다.

도서관에서 공부할 때는 절대 암기과목을 공부하지 않았다. 도서관에서 암기하는 것조차 시간낭비처럼 느껴졌다. 오히려 도서관에서 공부할 때는 '나만의 암기 책' 만들기에 더 치중하면서 보냈다. 두꺼운 책 내용에서 핵심만 추리고, 이해되지 않는 부분은 통째로 암기할 수 있는 공부 노트를 제작하였다. 하루에도 수십 번씩 학교 복사기에 책을 복사하며 내가 이해할 수 있고 암기할 수 있는 전용 공부 노트를 따로 제작하였다. 그리고 나서 집에 갈 때 암기노트를 보며 중요한 부분을 암기하고, 지속적으로 읽으면서 내용에 대해 반복적으로 확인하면서 공부하였다.

하지만 늘 고난은 있는 법! 이해 못한 개념에 대해서는 무식한 방법을 사용하였다. 고등학교 때도 물리 법칙이 이해되지 않아 포기한 적이 많았는데 이제는 포기할 수 없었다. 단순하게도 문제와 풀이 전체 암기를 하였다. 이해는 필요 없었다. 그냥 성적을 잘 받기 위해서 한 문제라도 더 잘 풀 수 있도록 노력해야 했다.

시간절약, 나만의 학습노트, 통째로 문제 암기를 통해 시험을 대비하였고, 기적처럼 시험 당일 정말 똑같은 문제가 나와 기계적으로 문제를 풀어 제일 어려워했던 물리 과목도 A+를 받을 수 있었다. 이런 방식으로 시험공부를 하다 보니 최우수성적 전액 장학금 3회 연속을 받을 수 있었다. 최우수성적 전액장학금은 공부를 떠나서 나 자신 스스로에 대한 믿음으로 되돌아왔고, 무엇을 하던 잘할 수 있겠다는 자신감을 얻을 수 있었다. 그 자신감은 나에게 새로운 기회와 차원 높은 생각을 할 수 있도록 도와주었다. 공부를 통해 나 스스로를 믿을 수 있는 신뢰할 수 있는 상태까지 만들다 보니 공부를 통해 할 수 있는 새로운 도전거리도 생각해 보게 되었다.

"지방대에서 인서울대 도전"

최우수성적 전액장학금 받으면서 계속 대학생활을 누릴 수 있었지만, 뭔가 더 경쟁할 수 있는 곳으로 더 들어가고 싶었다. 처음으로 공부를 통해 뭔가 욕심내고, 더 한 단계 발전하고 싶은 마음이 저절로 찾아오게 되었다. 그 힘을 받아 편입공부를 시작하게 되어되었고, 2번의 시도 끝에 대기 1순위로 지명되면서 서울권 학교로 편입할 수 기회를 얻기도 하였다. 첫 학기도 역시 미친 공부법을 통해 성적 우수 장학금 100만원을 성취하기도 하였다.

뒤돌아보니 공부를 잘하게 될 수 있는 비결은 "내가 어떠한 마음가짐으로 행동하는지에 달려 있다." 단순히 "나도 공부를 잘 할 수 있어"가 아닌, 내가 진정으로 왜 공부해야하는지 마음속에 나에 대한 이유를 찾아보는 것이다.

"왜 공부를 열심히 해야 하나요?"

돈 벌기, 좋은 대학교, 취업

위와 같이 남들도 대답할 수 있는 내용이라면 진정한 자신의 이유가 아닐 수도 있다. 이 질문에 대한 대답에 꼭 포함되어야 할 것이 있다. 바로 "나 자신" 내가 과거와 미래 상황 대비 어떤 공부를 통해 어떻게 되고 싶은지.. 나의 생각, 나의 과거와 미래가 포함되어 있는 생각과 의미를 찾아야한다. 앞으로 공부를 통해 어떻게 발전하고 싶은지 나의 생각. 그것을 발견하는 순간 진정성 있는 공부의 이유가 될 것이며, 힘들 때 마다 나를 위로해주고 동기부여해 줄 수 있는 친구가 될 것이다.

A: "왜 공부를 잘해야 하나요?"
B: "의사가 되려고요!"

A: "왜 공부를 잘해야 하나요?"
C: "아픈 아버지를 보다보니, 의사가 되어서 병을 고치고 싶어서요!"

Birth: 공부 잘하는 사람은 태어나는 것이 아니다.

Choice: 공부 잘하는 사람은 자신 스스로 선택하는 것이다.

도전했던 경험 - 큰 도전이 아닌 정말 작은 실행에 도전하라

어떤 일을 시작하고 싶다면 "생각하지 말고 행동해라"라는 말이 있다. 행동의 중요성, 도전의 중요성, 실패에 대한 두려움을 버리고 실행해 보라는 말이다. 더 중요한 것은 "지금 현재 실행 할 수 있는 것"을 말하고자 한다.

건설학과를 나와서 취업 컨설팅을 할 수 있었던 것도 아주 사소한 계기로 인해 시작 될 수 있었다. 꿈을 크게 가져라 라는 말도 동기부여 측면에서 좋지만, 꿈에 다가갈 수 있는 사소한 행동하나 실행 하는 것이 더 중요하다는 것을 말하고 싶다.

건설학과를 나와서 취업 컨설팅을 할 수 있었던 것은 취업준비생일 때 자소서를 잘 작성하기 위해 노력했던 일에서부터 시작되었다. 자소서 작성법에 관련된 도서를 읽고, 합격자소서를 타이핑하면서 글쓰기 연습을 하다 보니, 어느 순간 자소서 글 패턴을 볼 수 있는 힘이 생겼고, 자소서를 보면 수정해야 할 부분이 서서히 눈에 보이기 시작하였다.

점차 다른 사람의 자소서를 첨삭 할 수 있겠다는 자신감이 쌓였을 무렵 나를 테스트 해보고 싶었다. 그래서 다양한 까페에 가입해 자소서 첨삭이 필요한 취업준비생들을 글을 찾아다니며, 학생들에게 개별적으로 연락을 시도하였다. 처음에는 연락을 많이 해도 자소서 첨삭을 신청하는 사람이 없지만 며칠 동안 꾸준히 연락을 하니, 이메일로 개인적으로 무료 자소서 신청한다는 요청이 몇 건씩 들어오게 되었다. 드디어 나의 첫 취업컨설턴트로서 일이 시작되는 순간이었다.

자소서 첨삭을 요청하면 그래도 어느 정도 작성할 수 있는 분이 신청하겠지 생각하며 이메일을 열었다. 하지만 마치 나의 첫 자소서를 보는 것처럼 어디서부터 첨삭을 해야 할지 감이 오지 않았다. 글도 읽혀지지 않고, 표현도 엉망이고, 항목에 맞는 소재도 아니고 매우 당황스러웠다. 그래도 나를 믿고 자신의 자소서를 보낸 신청자에게 실망을 줄 없다는 생각에 첨삭방법을 다시 한 번 생각해 보았다. 우선 합격 자소서 사례집을 살펴보며 유사 항목에 대해 어떻게 첨삭하였는지 다시 한 번 확인하고, 문장 하나하나 잡아가며 잘못된 표현과 단어를 잡아갔다. 그러다보니 한 항목 첨삭시 1시간 이상 시간이 걸렸다. 하지만 "나의 첨삭으로 누군가에겐 좋은 기회를 얻을 수 있겠다"라는 생각에 더욱더 파고들었다. 첨삭이 익숙해 질 때 쯤, 사람을 만나직접 첨삭해 보고 싶다는 생각이 들었다. 사실 이메일 자소서 첨삭은 시간도 많이 걸리고 상대방이 왜 이러한 문장으로, 단어로 작성했는지 물어볼 수 없으니 첨삭하는 데 시간이 많이 걸리게 되는 단점이 있었다.

꿀맛 같은 주말에 타인을 위해 무보수로 일한다는 것은 큰 결심이 필요했다. 그래도 뭔가 하고 싶다는 마음이 주말의 달콤함보다 더 크게 작용하였다. 뭔가 하고 싶은 일을 한다는 것이 내가 세상에서 필요한 존재라는 느낌을 들게 해주기 때문이다.

오프라인을 통해 학생들과 첨삭 경험을 쌓다 보니, 상대방과 질문 과정 속에서 내가 생각하지 못했던 좋은 아이디어도 많이 발견할 수 있었다. 또한, 자소서의 학습방법에서 배운 내용을 현장에서 검증할 수 있었고, 현장에서 학생들이 고민하는 것이 무엇인지도 알 수 있게 되었다. 자소서에 더 많은 것을 공부할 수 있었고 배울 수 있는 기회가 되었다. 오프라인 첨삭이 끝나면 집에 가서 어려웠던 점이나 부족한 부분에 대해 보충하면서 다음 오프라인 첨삭을 대비하며 나의 실력을 쌓기 위해 노력하며 보낼 수 있었다. 그렇게 여러 번 오프라인 첨삭을 진행하였고, 진행한 결과물은 블로그나 까페에 올리면서 신청자를 모집하게 되었다. 확실히 첨삭 근거자료가 있다 보니 신청학생들도 많아 늘 주말 오전에는 자소서 첨삭으로 하루를 시작할 수 있었다. 그리고 몇 달 후 우연히 메일을 열었는데 한 개의 메일을 받게 되었다. 은행전문 취업교육 기관에서 유료 첨삭을 같이 하자고 제안을 받게 되었다. 단순히 무료로 시작한 자소서 첨삭에서 유료 첨삭의뢰까지 6개월이 채 걸리지 않았다. 유로로 자소서 첨삭을 진행하면서 자연스럽게 나의 취업컨설턴트로서 경력이 될 수 있었고, 실력도 입증될

수 있었다. 기업교육업체에서 MD전문교육원 취업컨설팅을 맡게
될 때 유료 첨삭 경력이 취업에 큰 도움이 되었다.

MD전문교육원 취업컨설팅을 시작하고 나서 자소서 첨삭뿐만
아니라, 교육원의 학생들에게 취업 자리를 추천해주고, 이력서와
자기소개서를 첨삭 지도하게 되었다. 취미로 하던 일이 실제 업무
로서 자리 잡게 되는 순간이었다.

매일매일 추천업무와 자소서첨삭일을 하다 보니 어느새 취업컨
설팅을 전문적으로 하고 싶다는 생각이 들었다. 특히 강사로서 업
무를 하고 싶었고 교육원 원장님에게 이력서와 자기소개서 시범
강의를 요청 드렸다. 매일 이력서와 자소서 첨삭 일을 하다 보니
많은 시간이 걸리고 다른 업무에 지장을 주는 일이 많았다. 강의
를 통해 학생들이 평균적으로 나올 수 있는 수준까지 이력서와 자
소서가 나오면 좋을 것 같아 강의를 요청 드려 시작하게 되었다.
막상 강의를 하려고 하다 보니 어떤 식으로 강의를 진행해야 할
지, 어떤 식으로 강의안을 구성해야 할지 의문이 들어 강사 양성
교육과정을 받아주는 업체에 의뢰하였고, 1:1 코칭을 통해 강사로
서 필요한 역량과 자질을 배우기로 결심하였다. 교육 과정 중에
2~3번 정도 MD전문교육원에서 진행되고 있는 업무에 대해 상담
할 수 있게 되었고, 강사 양성 교육과정 대표님이 나와 같이 일해
보지 않겠냐는 제안을 하셨다. 현재 MD 교육원에서는 단순반복
적인 일을 하기 보단 취업컨설턴트의 꿈이 있다면 다양한 업무경

험과 실력을 쌓는 것이 중요하기 때문에 강사양성교육을 받은 계기를 바탕으로 같이 일해보자는 제안을 받을 수 있었다. 그리고 며칠 후, 나는 취업컨설턴트로서 대학교를 다니며 강사와 교육운영을 맡으며 활동할 수 있었다.

이 모든 일들의 결과는 내가 원해서 시작하게 되었고 돕고 싶어 시작한 일이었다. 그러다 보니 어느 순간부터 내가 하고 싶은 일을 하면서 돈도 자연스럽게 벌 수 있는 경험을 할 수 있게 되었다. 사소한 생각과 시작이 큰일과 자연스럽게 연결 되는 것을 확인할 수 있었다. 큰 것을 바라며 큰 것을 찾지 않았다. 큰 것을 바라며 작은 것들 할 수 있는 것들에 집중하자 기회의 제안을 받을 수 있었던 것이다.

꿈을 이루고 싶다면 자기 자신에게 돼 물어야 한다.

"현재 무엇을 하고 싶으신가요?"

무엇을 하기 위해서 제일 먼저 해야 할 일은 무엇에 연결되는 현재의 일을 해야 한다는 것이다. 나의 경험을 되돌아보면 당장 취업컨설턴트가 되고 싶다고 생각하고 시작했다면 결코 이루지 못했을 것이다. 하지만 취업컨설턴트의 일 중 "내가 할 수 있는 일"에 집중하고 실행하다 보니 하나하나 방법과 도움을 받을 수 있었고 여기까지 올 수 있게 되었다.

"에베레스트 산에 가고 싶나요?"

그럼 당장 뒷동산에 올라가 보세요. 당장 산악 용품점에 스틸 연결 고리를 구매해 보세요. 당장 에베레스트 다큐멘터리를 틀어 보세요. 에베레스트 산에 가기 위한 작은 목표를 현실 속에 행동 하다 보면 분명 그 작은 목표는 또 다른 목표를 보여 줄 것이며, 그것을 이루고 또 이루고 난다면 당신은 에베레스트행 비행기를 탈 수 있는 방법에 다가 가게 될 것입니다.

아래의 공식을 기억하자!

(작은 실행+작은 실행+작은실행)+특별한 경험 = 목표달성

작은 실행의 영역의 나의 수준에서 할 수 있는 것들이다. 그 작 은 실행을 하고 또 하다보면 어느 순간 특별한 경험 또는 기회를 만나게 될 것이다. 그때 그 기회를 지나치지 말고 붙잡고 실행하 는 순간 작은 실행들과 특별한 경험이 만나 당신의 목표를 이룰 수 있게 만들어 줄 것이다.

입사 후 포부 - 내가 앞으로 하고 싶은 일 3가지

현실적인 제약이 있더라도 나의 꿈을 향해서 돌파할 수 있는 발판으로 작용할 것인지 선택해야 한다. 누구는 말할 수 있다. "현실적으로 먹고 사는 것이 문제이지 당장의 꿈은 중요하지 않다"고 말이다.

나도 이 말에 동감한다. 하지만 이러한 순간에도 자신의 꿈을 이룬 사람들, 제약과 한계를 극복한 사람들은 존재하기 마련이다. 성공의 다양한 요소가 있을 수 있지만, 한 가지 공통점이 있다면 "제약 없는 의식, 실행력, 끈기" 이 세 가지 요소는 공통적으로 작용된다.

현실적인 시각에 좌절하지 말고 앞을 내다 볼 수 있는 폭 넓은 마음을 바탕으로 할 수 있는 것들을 시작해 볼 수 있는 힘을 가지고 도전해 보는 것을 어떨까? 나는 앞으로 이루도 싶은 일이 3가지가 있다.

첫 번째, 강사

많은 사람에게 영향력을 주고 싶은 일을 하고 싶다. 다양한 일을 통해 사람들에게 직, 간접적으로 영향을 줄 수 있는 방법은 다양하다. 물건을 만들어서, 서비스를 제공해서, 지식을 통해서 영향을 줄 수 있는데, 그 중 나는 지식 제공을 통해서 사람들에게 좋은 영향을 주고 싶다. 그 결정의 중심엔 내가 있다. 공부를 못했던 과거의 내가 있다. 못했던 것만큼 못하는 부분에 대해서는 누구보다 잘 이해할 수 있고 공감할 수 있는 힘이 있다. 나는 내가 못하는 부분을 개발하고 발전시켜 다른 사람들도 잘하게 만들어 주고 싶다. 겉만 화려한 교육이 아니라 차근차근 이해될 수 있고 학습할 수 있고 실생활에 적용하여 행동할 수 있는 교육을 전달하고 싶다. 현재 조금씩 강의 일을 하면서 내가 추구하고 있는 강사가 되기 위한 작은 목표를 만나고 있다. 강의 준비부터 종료까지 세분화된 목표를 바라보며 큰 그림을 그리고 있는 중이다. 아직까진 많은 부분에 있어 강사로서 어설프다. 준비하는 것도, 가르치는 것도. 하지만 이 작은 목표 하나하나 다음 단계로 넘어가다 보면 내가 추구하는 강사 생활을 하길 기대하고 있다. 그래서 나를 만나는 모든 사람은 새로운 지식을 쉽게 즐겁게 이해하여 삶에 도움을 주고 싶은 사람으로 기억되고 싶다.

두 번째, 작가

많은 책과 자료를 접하면서 강의에 필요한 내용을 찾다 보니 책에 관심이 많다. 그러다 보니 책을 쓰는 작가가 되고 싶다는 결심을 하게 되었다. 책으로 내 삶 그 자체 배운 점과 성찰한 점을 사람들과 나누며 소통하고 싶다. 글쓰기를 위해 현재 다양한 책 쓰기 책을 읽고 적용하고 작성하는 중이다. 작가가 되기 위해 많은 노력이 필요하다는 걸 많이 느끼고 있고 책을 써가며 노력하고 있다. 지금 작성하고 있는 공동저서 제작이 나의 개인 출간도서의 큰 목표의 작은 목표중 하나가 되었으면 좋겠다. 이 책이 출간되고 나서 아님 도중 다른 어떠한 작은 목표가 눈에 보일지 기다려진다. 2017년 공동저서 2권, 개인저서 집필 및 출간을 향해 계속 달릴 것이다.

세 번째, 마인드 힐러

마음을 잘 조절할 수 있는 명상지도사가 되고 싶다. 공부를 못하다보니 나의 운명에 관심을 가지게 되었고, 운명에 관심을 가지고 책을 보고 연구하니 모든 것은 마음에서 시작된다는 것을 알게 되었다. 마음 하나에서부터 모든 일이 시작되고 끝낼 수 있다는 힘을 알게 되었다. 마음공부를 하면서 마음을 다스릴 수 있는 다양한 방법과 음악, 지식, 스스로 명상하면서 느꼈던 점을 전문적으로 정리하고 자격을 취득하여 사람들이 자신의 마음을 다스릴 수 있도록 돕고 싶다.

또한, 마음을 표현하는 언어에 대해서도 연구하고 싶다. 마음을 표현하는 도구중 하나인 언어 사용에 따라 상대방의 마음, 자신의 마음에 대해서 영향을 주기 때문이다. 말로서 천 냥 빚을 갚는다는 말처럼, 말 한 마디의 영향은 마음에 크게 영향을 줄 수 있기 때문이다. 마인드 힐러가 되기 위해 우선 마인드와 관련된 서적을 읽으며 작은 실행에 집중하고 있다. 작은 실행하나 하나 모이다보면 분명 나에게 큰 기회를 만날 수 있다고 믿는다. 마인드 힐러로서 사람들의 마음을 치유하고 있는 나의 모습을 상상하며 지낼 것이다.

이 글을 읽고 있는 독자님은 어떤 꿈을 가지고 있나요?

꿈 없이 희망 없이 현실에 충실히 살고 있는 것은 아닌가요? 그런데 현실에 충실히 살고 있는 나의 존재에 대해 물어보세요. 나는 행복한가? 지금 현재도 행복하기 위해 살아가는 것이니까요

행복한 시간, 행복한 행동을 할 수 있도록 스스로에게 기회의 씨앗을 주시기 바랍니다.

박경용

- 자기계발 작가
- 마인드 강사
- 시간여행 행복전문가

대학에서 임학(Forestry)을 전공하였고, 졸업 후 현대자동차, 대교, 중소기업 등을 다니다가 퇴직 후 심리상담사와 평생교육사, 마인드강사 자격을 취득한 후 본격적인 강사활동을 하고 있다. 춘천MBC, IYF대만지부, 동국대, 강남대, 강남시니어플라자, 강남종합사회복지관, 현대캐피탈 등 다양한 곳에서 마인드, 소통, 나눔의 문화와 관련한 강의를 하였다. 어디로 왔다가 어디로 가는지 몰라 방황하던 시절에 하나님을 만나서, 얻은 인생의 해답을 토대로 후반기는 강의와 글쓰기를 하면서, 마음사용법을 몰라서 생각에 빠져 고통을 겪는 많은 사람들에게 희망을 전하는 일을 하고 있다. 현 재 마음의 시간여행 공작소(마시공) 대표이자 뉴젠협동조합 이사로 재직 중에 있으며, 강남 대학교 실버산업연구소와 함께 건강장수클럽을 운영 하며 치매연구와 치매예방 강사로도 활동하고 있다.

E-Mail   2025imei@gmail.com
Blog   http://blog.naver.com/pkingse
Facebook kyungyong.park.12

9장

박경용
Dream!ng

호기심 소년

어렸을 적부터 호기심 가득한 마음으로 모든 것을 신기하게 바라보았고 풍부한 감수성과 엉뚱한 상상력으로 재미와 호기심에 이끌려 세상을 살았다. 그러면서 늘 마음속에는 '나는 어디서 왔다가 어디로 가는 것일까?'라는 것이 궁금했다. 이 같은 철학적 질문에 어른들은 늘 쓸데없는 생각을 한다고 핀잔을 주기 일쑤였고, 또래들은 그런 골치 아픈 생각을 뭣하러 하냐며 4차원이라고 놀려대곤 하였다.

사는 게 재미없다. 어떻게 하면 보다 재밌게 짧고 굵게 살 수 있을까? 세상을 뒤집어 보고 싶었다. 세상에 존재하는 규칙들이 짜증났고 싫었다. 왜 어른들은 항상 하지 말라고만 하는 건지....

"사물에 대한 호기심이 많고 적극적입니다만, 장난이 심합니다."

초등학교 5학년 때 담임선생님이 통지표에 기록한 나에 대한 생각이었다. 40여년이 지난 지금도 선생님의 판단에 '어쩜 그리도 정확할까?'라는 생각에 혼자 웃곤 한다. 생물시간에 개구리 눈알

바꿔 끼우기, 파리 날개를 떼고 0.5mm 철사로 바퀴를 만들어 친구들이랑 함께 서로 경주시킨 일, 보이는 쇠말뚝 밑에 보이지 않는 커다란 주춧돌이 있는 것을 모르고 친구와 내기하여 뽑아내기 등 나의 호기심 어린 장난은 이루 말할 수 없었다.

　그냥 가만히 있는 것은 큰일날 일이고 좀이 쑤셔 견딜 수가 없다. 무언가를 창조하든 파괴하든 뭐라도 해야만 직성이 풀리는 성격이었다. 그냥 평범한 것이 싫었다. 호기심이 어느 정도 충족되면 또 다른 호기심을 향해 이동하였다.

　내 고향은 강원도 속초의 아바이마을이라 불리는 청호동이다. 우리 동네는 청초호라는 호수와 동해바다가 합류되면서 U자 형태로 둘러싸여있는 구조이다. 청초호와 바다는 그렇게 연결되어 있어 엄동설한에도 잘 얼지 않는 호수였는데 초등학교 6학년, 그해 겨울은 호수가 삼한사온의 영향으로 얼었다 녹았다를 반복하며 신기함을 가져다주었다. 덕분에 친구들과 한겨울에 호수에 나가 뛰어다니며 즐겁게 놀았다.

　한 번은 얼음조각들 중 제법 큰놈을 골라 친구들이랑 타고 막대기로 노를 저어서 호수 중간까지 갔다가 고기잡이배들이 호수로 들어오면서 일으키는 물결에 얼음이 점점 갈라져 죽을 뻔한 적도 있었는데 다행히 갯배를 관리하는 아저씨가 우리를 보고 구조하여 주셨다.

　며칠 후, 다시 호수에 나가보니 강추위로 호수는 그야말로 육지로 바뀌어져 있었다. 순간 건너편 끝까지 걸어 질러 가보고 싶은 충동이 일어났다. 두껍게 언 얼음을 확인하며 계속 서쪽 중심으로 전진했다. 가운데 부분의 얼음 두께는 확실히 얇았지만 그 곳만 지나가면 다시 두껍게 언 얼음이 있음을 확인하고 건너기로 마음 먹었다. 그러다 결국 얼음이 깨져버렸고 물속으로 빠져버리고 말았다. 다행이 하나님의 은혜로 깨진 얼음 사이로 그대로 다시 올라와 목숨을 이어갈 수 있었다.

그렇게 호기심과 엉뚱함의 생각이 이끄는 대로 살다보니 공부는 늘 뒷전이었다. "내일부터 하면 얼마든지 잘 할 수 있어"라는 생각을 믿으며 말이다.

어렸을 적 우리 가족은 할머니와 아버지 어머니, 그리고 3남 3녀 중 내가 막내였었고, 제일 큰 누이와는 18년, 큰형님과는 16년의 차이가 있었고 막내 누이와는 6살의 차이가 나는, 말 그대로 우리가족의 늦둥이이자 귀염둥이였다.

어렸을 적부터 큰형님의 영향을 많이 받고 자랐다. 형님은 학교 다닐 때 도내에서도 손가락 안에 드는 수재였었고 수학은 특히 타의 추종을 불허했다. 그런 형님과 나는 초등학교와 고등학교가 동문이라 늘 전설 같은 큰형님의 실력에 눌려 살아야 했다. 하지만 한편으로는 또 다른 나의 호기심의 원천도 형님으로부터 온 것이 아닐까 생각한다. 어렸을 적 책꽂이에 있던 형님의 책들의 제목 중 '별을 보고 산다', '의식으로부터의 해방', '키에르 케고르의 이것이냐 저것이냐' 등 당시 나에게는 난해한 물음이었지만 지금 돌이켜보면 내가 궁금해 하고 관심 있어 하는 분야와 일치하고 있다.

큰형님처럼 공부를 잘하고 싶었지만 쉽지 않았고 늘 계획만 거창하게 세우고 흐지부지 하였다. 그렇게 세월을 흘려보내다 보니 어느덧 고3이 되었고, 학력고사를 보는데 하필 내가 보는 고사장이 보통 교실의 두 배가 되는 음악실이었다. 혹시 주변에 공부 잘하는 친구가 있으면 은혜를 입고자 하는 마음이 있었는데 정말 눈에 띄는 친구가 한 명도 없었다. 마음을 비우고 시험을 치르는데 영어시험 시간에 내 뒷자리 친구가 컨닝을 하다가 발각되었다. 그러자 복도에서 대기하고 있던 경찰이 내 뒷자리에서 총을 들고 감시를 하기 시작했고, 그 모습을 보게 되자 그나마 잘해보려고 했던 마음도 사라진 채 덜덜 떨면서 시험을 치르게 되었다.

당시는 밤 10시 30분까지 야간 자율학습을 열외 없이 하였고, 수업시간에 졸거나 장난을 치면 선생님들의 몽둥이가 가차 없이 춤을 추던 시대였다. 그런 환경에 어쩔 수 없이 순응하던 때였기에 대학이라는 곳은 내 젊음의 해방구라고 생각했다. 당시 원하는 성적이 나오지 않아 재수를 하려고 고민도 하였지만 교직에 있던 큰 형님의 조언과 하루빨리 자유를 누리고 싶은 마음에 대학을 진학하게 되었다.

큰 형님은 당시 내가 다니던 고등학교에 수학선생님으로 계셨고 내가 임학(林學)이라는 학문과 관계를 맺게 해준 장본인이기도 했

221

다. 당시 학문에 큰 관심을 가지지 못하였지만, 시간이 흐르면서 나무와 숲, 그리고 그 부산물에 대하여 배우는 것이 재미있었고, 특히 나무가 전해주는 인생의 지혜를 배울 수 있어서 감사한 마음이 들었다.

87년 5월의 봄에는 '택시운전사'라는 영화에서도 알 수 있듯이 7년 전 광주에서 일어난 사태가 민중항쟁이었다는 것을 알게 되면서 놀라움을 금치 못하였다. 총학생회에서 광주 항쟁에 대한 여러 가지 객관적인 사실에 대하여 새내기들에게 알려주었는데 과연 진실이 무엇이고 거짓이 무엇인지 혼란스러웠다. 그러면서 학생회 일을 시작하게 되었고 전두환 정권의 독재 타도, 호헌 철폐 투쟁을 함께 하기 시작했다. 역사적인 6월 항쟁을 함께하게 되었고, 기말시험을 보지 않은 일부 과목은 D0를 맞기도 하였다. 1학년 때는 그나마 기숙사에 생활을 하여 규칙적인 생활을 하였으나, 2학년 때에는 하숙을 하다가 얼마 되지 않아 자취를 하게 되면서 자취방은 친구들의 모임방으로 변모하게 되었다.

가난한 학생들이 즐겨먹었던 술은 막걸리였다. 수업이 끝나거나 동아리 모임이 끝나면 캠퍼스에 앉아서 막걸리에 새우깡이나 김치 등을 안주삼아 인생을 이야기 하곤 하였다. 그러던 와중에 한번은 과 선배들과 일찍 수업을 마치고 포장마차에서 막걸리를 마시게 되었다. 그 시절 최고의 안주는 한 냄비에 오백 원 하던 동태찌개와 하나에 백 원 하던 닭발이었다. 막걸리 한 짝에 7명이 나

뉘 마신 후 모두 집으로 돌아가고 한 선배와 둘이 남게 되었는데 취기에 이끌려 둘은 계속 남아서 각각 막걸리 한 짝씩을 놓고 마시기 시작했다. 젊은 객기에 시작된 무모한 술내기를 끝내고 집이 바로 근처였던 선배는 무사히 귀가를 했다. 그러나 나는 이날 교통사고를 당하여 정신을 잃고 3일 후에나 의식을 되찾았다. 택시와 부딪힌 충격으로 얼굴에 40여 바늘을 포함하여 온 몸에 100여 바늘을 꿰매는 큰 사고를 당하였다. 더욱이 오른쪽 다리의 십자인대 두 개가 모두 끊어져 장애가 생길 수 있다는 의사의 얘기를 들었다. 학기 초였고 진단이 총 16주가 나와서 휴학을 하려고도 했으나, 병원에서 두 달이 넘게 입원하였고 이 후에 목발을 짚은 채로 학교로 돌아왔다. 무모한 객기와 1차적 생각에 이끌려 사는 삶이 얼마나 큰 피해를 가져다주는지 깨닫게 된 사건이었다.

  하지만 인생에 대한 궁금증은 나를 가만 두지 않았다. 어렸을 적부터 궁금해 하였던 우주, UFO, 외계인, 보이지 않는 세계, 죽음 등에 대한 해답을 얻으려고 관련 서적을 보면서도 풀리지 않는 생각에 답답한 마음뿐이었다. 그 무렵 군 입대를 위한 신체검사 통지가 나왔는데 평소 가고자 했던 해병대를 과연 갈 수 있을까? 라는 의구심이 들었다. 교통사고로 인한 십자인대 파열이 마음에 걸렸다. 그러면서 괜히 해병대에 못갈 상황이라면 어설프게 방위 가는 것보다 안 가게 되면 좋겠다고 생각했다. 그래서 현역 아니면 면제라는 마음을 가지고 신검을 받으러 갔는데 불행인지 다행인지 면제가 되었다.

"흔들리지 않고 피는 꽃이 어디 있으랴"는 도종환 시인의 시제처럼 호기심과 엉뚱함의 대가로 적지 않은 어려움을 겪었지만 여전히 세상의 중심은 나라는 생각에서 벗어나지 못하고 끊임없이 세상과 부딪히며 살았다.

나에게 들어오는 1차적 생각에 이끌려 살아가는 삶이 얼마나 위험하고 불안한지 당시에는 알지 못하였고, 아름다운 젊은 시절을 생산적으로 살지 못한 부분에 대하여 후회도 되었다. 이후 하나님을 알게 되면서 내가 궁금해 하는 모든 의문이 해결되었고 진리를 알게 되었다. 지금 돌이켜보면 이 모든 것이 하나님의 은혜였던 것이다.

> "예수께서 들으시고 가라사대 이 병은 죽을 병이 아니라 하나님의 영광을
> 위함이요 하나님의 아들로 이를 인하여 영광을 얻게 하려함이라 하시더라"
>
> — 요한복음 11장 4절 —

　사람들은 인생을 살면서 많은 어려움과 문제를 만나게 된다. 작은 문제들은 해결하는데 큰 어려움이 없지만 큰 산과 같은 문제를 만나게 되면 대부분의 사람들은 포기하고 좌절하게 된다.

　영국의 유명한 곤충학자 알프레드 월레스는 소년시절 나비가 고치를 뚫고 나오려는 모습을 발견하고 고치의 끝을 살짝 찢어주었다. 덕분에 나비는 쉽게 고치에서 나올 수 있었다. 소년은 나비가 아름다운 색깔의 날개를 뽐내며 훨훨 날아가길 기대 했지만, 날개를 제대로 펴지도 못한 채 몇 차례 힘없는 날개 짓을 하다가 죽어버리고 말았다. 나비가 고치를 뚫고 나올 때 강한 생명력과 저항력을 얻는다는 것을 알게 되었다. 역경을 뚫고 나올 때 비로소 생명력을 얻는다는 것이고, 힘이 든다는 것은 그만큼의 힘이 들어온다는 것이다.

대학을 졸업하면서 자동차회사의 영업담당으로 취업하게 되었다. 대학을 갓 졸업한 24살짜리가 자동차 영업을 하기란 정말 쉽지 않았다. 일단 팀에 녹아드는 것이 중요하다고 생각하여 무슨 일이든 배우려고 하였다. 때는 91년이라 자동차 시장은 공급자 위주의 호황이었다. 고객이 매장으로 와 계약을 하게 되면 일부 선호하는 차량의 경우에는 3달 정도를 기다려야 차를 받을 수 있는 상황이었고, 자신이 원하는 색상이나 옵션이 아닐 지라도 먼저 받으려는 고객들도 넘쳐났던 시기라 영업에 대한 스트레스에도 재미가 있었다. 판매 대수가 많았던 달은 16대의 차량을 판매하기도 하였고, 차량의 계약, 채권서류 확보, 차량인도금 수금, 차량출고, 차량등록에 이르기까지 모든 과정을 혼자서 챙기다보니 판매 대수가 많은 달은 눈코 뜰 새 없이 보내게 되었다. 덕분에 어린 나이에 적지 않은 월급을 받다보니 흥청망청 인생을 허비하며 살게 되었다.

경기가 좋을 때는 판매가 어느 정도 되었지만 경기 침체기로 접어들면서 판매가 어려워지자 회사에서는 직원들의 관리를 강화하기 시작하였고, 직급별 목표 대수가 미달되는 경우 강도 높은 스트레스를 주기 시작하였다. 이 무렵 자동차 시장은 공급자위주에서 수요자위주로 서서히 변해가고 있었고, 나는 제대로 적응하지 못하고 있었다.

1998년 IMF가 찾아오기 바로 전, 그 스트레스를 견디지 못하고 사표를 쓰고 퇴사를 하였다.

김대중 정부가 시작되면서 IT붐이 일어나게 되었고, 코스닥시장에서 IT업체의 주가는 연일 폭등하고 있었다. 그 무렵 나는 인터넷 사업을 하기 시작했다. 홈페이지 제작과 생방송 녹화 방송, 쇼핑몰을 제작해주는 콘텐츠의 회사 지사를 운영하게 되었고. 사업의 한 방편으로 지역의 요식업협회와 MOU를 체결하여 협회소속의 사람들에게 우리 회사가 연결해주는 자동차 보험을 가입하는 조건으로 무료로 개별 홈페이지를 만들어 주는 사업을 진행하게 되었다. 협회 가입자가 많았기 때문에 꽤 괜찮은 사업 모델이었고 초창기에는 순조롭게 사업이 진행되었다. 하지만 협회의 사업을 중추적으로 맡아서 진행하던 사무국장님이 갑자기 찾아온 암으로 인하여 사망하게 되면서 사업은 표류하게 되었다. 또한 초기에는 제법 수주도 받으면서 매출이 일어나기도 하였지만 인프라가 형성되기 전의 초기시장이라 홈페이지가 뭔지도 모르는 사람이 많았고 IT산업의 버블이 꺼지면서 결국 폐업을 하고 말았다. 그러면서 경제적으로 적지 않은 손실을 보게 되었고 무겁고 어두운 마음과 절망이 나를 힘들게 하고 있었다. 부족하고 허점이 많은 나였지만 스스로를 높이 평가한 것이 망하게 된 요인이었다.

마음을 추스르고 가장으로서 무엇이든 해야 된다는 생각으로 학습지 교사를 하게 되었다. 학습지 교사를 시작하면서 누군가를 가르친다는 것이 보람된 일이라는 마음이 들었다. 하지만 10분내외의 시간 동안 아이의 학습상태를 파악하고 진행한다는 것이 여간

고된 일이 아닐 수 없었다. 식사는 거르기 일쑤였고, 회비 수금과 학부모 상담까지 스트레스를 받지 않을 수 없었다.

그 무렵 스트레스 해소와 건강을 위해 반신욕을 하게 되었다. 처음 몸무게가 85kg까지 되었으나 반신욕을 통하여 79kg까지 줄이게 되면서 몸도 가벼워지고 좋았다. 그러던 중 다니던 동네 의원에 가게 되었고 의사 선생님에게 반신욕으로 체중이 6kg줄었다고 하니, 제 안색을 보시면서 혈액검사를 해보자고 하셨다. 나는 건강한데 왜 피검사를 하자고 하지? 라는 의구심에 다음에 하자는 얘기만 하고 나왔다.

정신없이 여러 달이 지나고 다시 동네의원에 가게 되었는데, 또다시 혈액검사 이야기를 하는 것이었다. 의사가 두 번이나 권하는 데는 이유가 있지 않겠나 싶어 결국 검사를 하였고, 결과는 철분 수치가 많이 부족하다, 피가 어디로 샌다는 결과를 받게 되었다. 정밀검사를 위해 위장 내시경과 대장 내시경까지 받아보게 되었다. 요즘은 수면 내시경을 대부분 하는데 당시에는 그냥 일반 내시경으로 하다 보니 엄청난 고통이 수반되었다. 다행히 대장 내시경은 이상이 없었으나 위장 내시경에서 이상한 물체가 보인다고 하여 조직검사까지 받아보게 되었다. 그리고 그 결과 위암이라는 판정을 받게 되었다.

하늘이 정말 노랗게 보였다. 경제적으로 망한 상황에서 이제 건강에서도 적신호가 켜졌으니 모든 게 끝이라는 생각이 들었다. 그 이후 들어온 생각은 아내가 너무 불쌍하다는 생각이었다. 하필 나 같은 놈한테 시집와서 이 고생을 하나 라는 생각이 들자 미안함을 이루 말할 수가 없었다.

당시 종신보험을 들어놓은 것이 생각났다. 일반사망 1억, 재해 사망 3억! 15년 전 물가로 적지 않은 금액이었다. 방법은 하나 재해 사망처럼 자살을 하자였다.

어떻게 죽을 것인가? 여러 가지 방법을 찾아봤으나 재해 사망 처럼 자살한다는 것은 쉽지 않았다. 그러다 생각해낸 것이 미시령 길을 자동차로 달리다가 절벽으로 떨어지는 것이 완벽해 보였다. 차를 몰고 미시령을 가서 답사를 해보았다. 여기서 날아봐야 누가 그 흔적을 찾을 수 있겠는가?

답이 없었다. 무슨 인생이 이렇게 허무한가? 내 의지와 상관없이 왜 여기까지 오게 되었는가? 하나님을 원망하기 시작했고, 모든 것이 불만으로 나에게 쏟아져 들어왔다. 잘 사는 것도, 내 맘대로 안 되고, 죽는 것도 내 맘대로 안 된다면 어떻게 하라고?! 악을 쓰고 하나님을 원망했다.

며칠 후, 다시 동네의원을 찾았다. 수술하면 괜찮은 거죠? 라고 물었다. 의사는 암세포의 위치가 식도 근처라 위를 다 잘라내야 한다고 하였다. 위를 다 잘라내고도 살 수는 있는지, 음식물의 소화는 되고 영양분 흡수에는 문제가 없는지 등 의사의 말 속에서 희망을 주워보려고 애를 써 보았다. 하지만 내가 원하는 답은 없었다. 의사는 다음날 보호자와 같이 다시 오라 하였고 나는 의사에게 부탁했다.

"제 아내에게는 위를 다 잘라내도 잘 살 수 있다고 희망적으로 이야기 해주세요."

진찰 결과를 들은 아내의 설득으로 서울에 있던 처갓집 근처의 원자력병원에서 수술을 하게 되었다. 수술을 위해 서울로 상경한 나는 수술 날짜를 잡아 두고 아내와 함께 야구경기를 보기 위해 잠실 야구 경기장을 찾았다. 심란한 마음에 야구는 눈에 들어오지 않았다. 외야에 앉아 가만히 생각을 하나씩 정리했다.

'이 모든 상황 받아드리자. 너는 하나님께 구원 받았자나. 하나님을 의지하자. 하나님이 죽이면 죽고, 살리면 사는 거지. 네 생각은 그만하고 하나님이 너를 어떻게 하시는지 지켜보자. 우주의 주인은 하나님이시고 나는 그냥 피조물이야. 그냥 받아드려.'

생각으로 바꾸다 보니 몸과 마음이 가벼워지기 시작했다.
수술 날, 병원 조명이 너무 안정감 있게 느껴졌다. 아내에게 마음이 너무 편안하다고 이야기한 뒤 수술실에 들어갔다.
수술은 성공적으로 잘 되었다. 위를 도려내고 식도와 공장(소장의 가운데 부분)을 잇는 수술을 하기 위해 가슴을 길게 절개한 상태라 통증이 말할 수 없이 심하였다. 위암 3기 초였고 암 세포들이 생각보다 크게 위에 자리 잡고 있었으나 다른 곳에는 전이 되지 않은 상태였다.

5년 생존 확률 50%!

다른 말로 바꾸면 5년 내 죽을 수 있는 확률 50%! 또 다르게 표현하자면 100원짜리 동전을 던져서 앞면이 나오면 5년 이상 살고, 뒷면이 나오면 5년 이내에 죽는 그 게임에 내 의지와 상관없이 참여하게 된 것이다. 살아야 겠다. 일단 5년을 살아남자!

도서관을 가서 암과 관련 서적을 읽기 시작했다. 체질 공부도 하게 되었다. 사상체질을 알게 되니 팔상체질을 알고 싶었다. 암과 관련하여 먹어도 되는 것, 먹으면 안 되는 것, 해야 될 운동과 피해야 할 행동 등 머리가 너무 복잡하여졌다.

이제 또 다른 결정을 해야 할 때가 되었다. 모든 생활을 율법의 행위처럼 지키며 살 것인가? 아니면 하나님의 은혜의 세계에 살면서 모든 것을 맡길 것인가? 너무 간단하였다. 내가 잘 할 수 없는 사람임을 이미 잘 알고 있었다. 그런데 이런 것들을 어떻게 잘 지키며 살 수 있겠는가? 난 못해. 그냥 주님께 맡기자.

너무 좋았다. 삼겹살도 먹고, 라면도 먹고 몸에서 원하는 것은 기분 좋게 먹었다. 수술로 60kg 초반까지 빠졌던 몸무게가 점차 회복되기 시작했다. 처음에는 바나나 반개에 우유 반잔만 먹어도 꽉 찬 느낌으로 체한 것 같아 운동장을 무수히 돌던 때가 있었지만 점점 적응이 되기 시작했다.

그렇게 3개월, 6개월, 1년, 3년, 5년이 흐르면서 나는 내가 암 환자라는 사실을 완전히 잊고 살았다. 처음에는 암 카페에 가입하여 많은 정보와 도움을 받았고 나 역시 암 카페에 경험담과 음식에 대하여 여러 차례 이야기를 올리기도 하였다. 많은 암 환자들은 암 때문에 죽는 것이 아니라 암이 주는 두려움에 죽는 것이다. 살려고 하는 마음이 강하다 보니 아이러니 하게 공포가 밀려들고 죽음으로 떠밀려가는 것이다. 무엇을 잘 해야, 열심히 해야 하는 것이 아니라 현실을 받아드리고 마음을 행복한 곳으로 옮긴다면 모든 질병 또한 아무것도 아니다.

나중에 알게 된 사실이지만 내 수술을 집도했던 분은 위암 전문의가 아니고 간암 전문에 위암은 가끔 수술하는 분이셨다. 당시 직접 목격한 사실은 물론 일부이겠지만 위암 전문의에게 수술 받은 일부 환자들이 재발해서 병원에 오는 것을 보면서 내가 보기에 좋은 것이 다 좋은 것만은 아니라는 생각에 인생은 참, 알 수 없다는 마음이 들었다.

일본의 기업가 중에 마쓰시타 전기, 파나소닉을 창업한 마쓰시타 고노스케라는 인물이 있다.

그는 사업을 잘 하여 기업경영이 신으로 불리게 되었다. 어느 날 직원이 그에게 물었다. 회장님은 어떻게 기업경영의 신으로 불리게 되셨나요?

마스시타 고노스케는 이렇게 말했다.

"나는 부모로부터 3가지 선물을 받았습니다. 첫째는 가난, 두 번째는 배우지 못함, 세 번째는 허약한 몸이었지요."

직원이 재차 물었다.

"아니 회장님! 그것은 저주이지 어떻게 선물입니까?"

"나는 가난한 집안에서 태어나서 부지런함을 배울 수가 있었구요. 초등학교도 졸업하지 못했기에 내가 만나는 모든 사람을 스승으로 생각하고 배우려고 하였습니다. 또한 병약한 몸 때문에 건강관리를 게을리 하지 않았습니다. 그것이 오늘날 나를 존재하게 해준 원동력이 된 것입니다."

사람들은 인생에서 많은 어려움을 만난다. 하지만 그 어려움을 그대로 받아드리느냐, 선물로 받아드리느냐에 따라 인생이 달라진다. 행복은 절망이라는 포장지에 쌓여져 우리에게 다가온다. 우리가 포장지만 보고 열어보지 않는다면 결코 희망과 행복을 발견하지 못할 것이다. 나 또한 암은 하나님이 내게 주신 선물로 받아드리고 암을 앎으로, 세상을 보는 눈과 나 자신을 보는 눈을 가질 수 있게 되었다.

하나님께 감사하다.

마음이동

5년 생존률 50%

과연 5년후에 나를 바라볼 수 있을까? 하루하루 살아가는 것이 두렵고, 공포스러웠다. '혹시 재발하지 않을까?'하는 생각이 나를 뒤덮고 있었다. 암 카페에서 만나 알고 지내던 환자 중 골육종암 환자인 닉네임 '미키짱'이라는 젊은 청년은 한 번 만나본 이후 다시는 볼 수 없었다. 다른 환자들도 한두 명씩 세상과 이별하는 것을 보면서 너무 마음이 괴로웠다.

다음은 누구 차례일까?

러시안 룰렛게임에서의 총알 한발을 당길 때 생존확률 83.3%보다 훨씬 낮다니... 리볼버 권총에 총알 3발을 넣고 머리에 대고 방아쇠를 당긴다. 난 살아있다. 기적이다. 우리는 확률로 태어나서 확률로 살아가다가 확률에 의해서 죽는다. 그저 아직 내가 죽을 확률보다 살 확률이 높은 것일 뿐이다.

나의 태어난 확률 10의 2,685,000승 분의 1 과 5년 생존확률 2
분의 1

나는 이미 불가능에 가까운 확률을 뛰어넘어 세상에 태어났고,
태어날 확률과 비교조차 되지 않는 확률에 마음을 빼앗겨 두려움
에 떨고 있었다. 이미 나는 나의 상황과는 상관없이 기적 같은 존
재다. 확률이란 틀에 매이지 말고 하나님 안에서 자유를 느끼자!
  확률의 틀을 벗어나자 진정한 자유가 내게 찾아왔다. 매여 있던
생각에서 벗어났다.

  나는 어떤 눈으로 세상을 바라보았는가?

  심리학계의 아인슈타인이라고 불리는 켄윌버는 '본다'와 '눈'이
라는 개념의 확장적 재해석을 통해 이 세상에 다가서는 다양한 접
근방법과 통찰력을 제시했다. 특히 그는 미세한 사물에서 거대 우
주에 이르기까지 포괄적으로 아우르는 세 가지 눈을 제시했다. 감
각의 눈, 이성의 눈, 관조의 눈. 이중 켄윌버는 관조의 눈을 강조
했는데 바로 깨달음의 영역이고 통찰의 세계이자 영적인 눈으로
세상 만물을 바라보는 것이다.

  오버뷰 이펙트(The Over View Effect)!

보다 폭넓은 관점에서 세상을 바라보게 되는 관점을 일컫는 말이다. 우주에서 지구를 바라본 경험이 있는 우주인들은 세상을 바른 관점에서 바라보게 된다고 한다. 세상에서 겪었던 여러 가지 문제나 어려움 등은 우주에서 지구를 바라볼 때의 관점으로 바라보다 보면 아주 보잘것없는 것을 보인다는 것이다. 작은 지구 속에 내가 담겨 있음을 깨닫고, 나는 정말 보잘 것 없는 존재이고 그런 나의 문제는 우주적 시각에서 본다면 정말 아무것도 아닌 것이 된다는 것이다.

남들은 나를 불쌍한 눈으로 바라보았지만, 나는 내 눈으로 나를 보는 것을 그만 두었다. 하나님의 눈으로 세상과 나를 바라보니 모든 게 아무것도 아니었다. 집착도 노력도 모두 헛되다 하는 마음이 들었다.

태양계를 넘어선 먼 우주에서 지구를 바라보면 지구는 말 그대로 1픽셀정도의 크기밖에 되지 않는다. 거기에서 나를 본다면 나는 1픽셀 속에 담겨있는 먼지만도 못한 존재가 된다. 스스로를 크고 위대하게 보지만 대자연과 온 우주 앞에서의 나는 존재유무조차 확인되지 않는다. 개미만도 못한 존재인 것이다. 추상도를 높여서 나를 바라보니 내가 보이지 않게 된다. 나란 존재는 애초부터 없었고 허상인 것이다.

일마 전, 도서관을 가다가 개미 한 마리가 자신의 몸보다 3배 이상 되는 먹이를 짊어지고 장시간 이동하는 것을 보면서 나의 눈에 비친 개미와 개미 자신의 눈으로 본 개미를 보게 되었다. 그 개미는 자신과 가족의 생계를 위해서 최선을 다해 일하고 있지만 나는 그 개미에게 이렇게 질문하였다.

'너는 이 도서관의 터의 시작이 어디고, 끝이 어딘지 아니? 너는 우주를 아니?'

그 개미가 어려운 문제에 매여 있다고 생각해 본다면 이 얼마나 불쌍한 개미일까? 라는 생각이 들면서 '하나님이 보시기에 내가 개미의 위치에 있구나. 내게 있는 문제는 진짜 문제가 아니구나. 나는 내 생각 속에 잡혀있는 것이구나' 하는 생각이 들었다.

"무엇이든 마음먹기에 달려있다."

이것을 하버드대 심리학과 알렌랭어(Ellen J. Langer)교수는 1979년에 일명 '시계 거꾸로 돌리기 연구'라 불리는 실험을 통해 직접 확인했다.

1979년 9월 70대 후반에서 80대 초반의 노인 8명은 1959년으로 꾸며진 곳에서 일주일 동안 생활하게 되는데, 놀랍게도 1959년의 세상에서 스스로의 힘으로 일상을 영위한지 단 일주일 만에 신체나이를 20년 이상 거슬러 올라가 시력과 청력, 기억력, 악력 등이 향상되는 놀라운 결과를 얻게 되었다.(EBS미디어의 황혼의 반

237

란 참고)

이를 기반으로 EBS에서도 2012년 비슷한 실험을 통하여 6명의
노인들을 30년 전으로 돌리는 실험을 했는데 그들 역시 단 7일 만
에 놀라운 신체의 변화를 경험하였다.

마음이 있는 곳으로 몸이 이동한다. 5년 생존확률 50%의 상황
에서 나에게 필요한 것은 강한 긍정이다. 암에서 나을 수 있다는
긍정적인 마인드와 암은 아무것도 아닌 감기와 같은 것이야 라는
마음을 먹기 시작했다. 마음을 먼저 암이 완쾌된 곳으로 이동시켰
다.

그 뒤, 놀라운 일이 벌어졌다. 재발의 두려움과 몸에 좋지 않은
음식을 먹을 때의 찜찜한 기분이 모두 사라져버렸다. 마음이 암에
서 해방되다 보니 몸도 자연스럽게 좋아지기 시작했다.

암환자라는 사실을 잊고 살다가 문득 '참, 내가 암환자였지?!'라
는 생각을 하곤 했다.

마음이 생각을 이긴다면 내가 어떤 문제와 어려움이 있어도 그
것을 극복할 수 있다. 더 이상 암이 가져다주는 두려움을 악령이
넣어주는 생각으로 여기며 그대로 받아드리지 않기로 했다.

나쁜 생각과의 끊임없는 싸움으로 인하여 점 점 몸이 좋아지고
암에서 이길 수 있었다.

3개월이 지나자 몸이 회복되었고 회사에 복직이 되어서 일을 다
시 시작할 수 있었다. 확실히 암 이전과는 생활이 달라진 것을 느

낄 수 있었다.

5년의 기나긴 투병생활을 마치면서 여러 가지 생각에 빠지게 되었다. 나는 분명 5년을 견디며 살아남았는데 그렇지 못했던 암 환자들이 스쳐지나가고 있었다. 초기위암이었던 사람들이 위암 3기였던 나보다 상황을 극복하지 못하고 세상을 떠나버린 상황들을 보면서 많은 사람들에게 이 놀라운 마음의 세계를 이야기해주어야겠다는 생각이 들었다.

그렇게 본격적으로 마음의 세계에 대하여 배우기 시작했다.

마음사용법

속초시 청호동, 속칭 아바이 마을에서 태어났다. 실향민인 아버지와 어머니가 이곳에 정착 하셨기 때문이다.

아버지의 고향은 함경남도 북청군 신포읍 마량도 라는 작은 섬이다. 지금은 신포의 경수로가 설치되어있는 지역이기도 하다. 할머니는 아버지가 인민군대 영장을 받게 되자 산으로 도피시키셨다. 할머니의 안목은 곧 전쟁이 발발할 것이란 걸 알고 있었던 것이다. 아버지는 20대 초반이었고 어머니와 혼례를 치른 상태였다. 도피생활을 했던 산에는 작은 암자인 동의사가 있었는데 그곳의 주지를 알게 되어 밤에는 암자에서, 낮에는 암자의 다락방에 숨어서 생활을 하였다. 그리고 곧 전쟁이 터졌다.

엎치락뒤치락 하던 전황이 중공군의 개입으로 국군이 남쪽으로 밀리기 시작할 무렵, 아버지는 피난을 하게 되었다. 어머니와 할머니도 신포앞바다에서 무동력선을 타고 남으로 피난하게 되었다.

전쟁이 나자 부모님은 서로 만날 수도, 연락할 수도 없었다. 그저 간절히 서로 죽지 않고 살아서 다시 만나기만을 염원하였다.

유연천리 래상회, 무연대면 불상봉(有緣天里 來相會 無緣對面 不相逢)

인연이 있으면 천리를 떨어져 있어도 만나고 인연이 없으면 얼굴을 마주보고도 만나지 못한다는 한비자의 명언을 아버지는 마음에 품고 키워가기 시작했다. 아버지는 어머니와 할머니도 당연히 남쪽으로 피난을 갈 것이라는 생각을 막연히 하게 되었다. 서둘러 신포앞바다에서 30여명이 탈 수 있는 무동력선에 몸을 싣고 남하하기 시작했다.

만삭이었던 어머니는 할머니와 함께 또 다른 무동력선에 올라 남하하기 시작했다. 배에 물이 새기 시작하여 일부는 노를 젓고, 일부는 물을 퍼내는 고난의 탈출이었다. 그렇게 망망대해 한가운데서 삭풍을 맞으며 큰 누이가 세상에 태어났다. 어머니는 다리한 번 쭉 펴지 못한 상태에서 아이를 안고 3일 밤낮의 추위에 견디며 피난을 하여 포항에 도착하였다.

영화 국제시장에 보면 피난민들을 태운 메러디스 빅토리호에서 5명의 아이들이 태어났다고 하는데 큰 누이도 그 아이들과 같은 상황에서의 탄생이었다. 아버지가 탄 배는 처음에 주문진에 도착하여 일부는 내리고 다시 남하하여 삼척에 도착하였다. 아버지는 삼척군청으로 가서 국군에 자원하였고, 군 생활을 하면서 틈틈이 고향사람들을 만나면 어머니의 소식을 묻곤 하였다.

아버지는 교육대로 이동 후 제대하고 본격적으로 어머니를 찾기 시작했다. 어머니가 타고 온 신포에서 출발한 2호선의 정착지를 찾다가 포항의 학산동에 있다는 사실을 알게 되고 결국 어머니와 극적 상봉을 하게 되었다.

마음이 먼저 만나다 보니 실제로 몸이 만나게 되는 알렌랭어 교수의 논문보다 먼저 아버지와 어머니가 결과물을 만들어 놓고 계셨다.

0.506 VS 0.506127

에드워드 로렌츠(Edward N. Lorenz)라는 기상학자가 기상현상을 분석하다가 계산 속도를 빨리하기 위하여 0.506127 대신 0.506을 컴퓨터에 입력하고 시뮬레이션 하였다. 통상적으로 무시할 수 있을 만큼의 작은 수치를 삭제하였을 뿐인데도 결과는 엄청난 차이가 났다. 나비효과가 세상에 등장하는 순간이었다. 미세한 차이에서 출발하지만 결과 값은 엄청나게 달라진다는 것이다.

태백산맥의 꼭대기에 빗방울이 떨어지기 시작한다. 그 빗방울 속에 두 개의 빗방울을 주목하자. 그들의 간격은 1mm정도이지만 하나는 산맥의 서쪽으로 떨어져 물길을 따라 서해안으로 흘러들어가 꽃게의 등위에 타고 있다가 불법조업중인 중국어선에 꽃게와 함께 실린다. 다른 하나는 동해로 떨어져 연어의 등을 타고 멀리 알래스카로 여행을 하게 된다. 알래스카의 크루즈선에서 낚시를 하던 낚시꾼에 의해서 크루즈선에 오르게 된다. 두 물방울은 1mm의 거리차이 밖에 나지 않았지만 결과는 엄청난 차이를 내고 만 것이다.

큰 차이는 결국 아주 작은 차이에서 출발하게 된다. 우리에게 들어오는 생각도 마찬가지다. 아주 작은 긍정적 생각을 키우면 거대한 긍정이 내 자신과 우주에 퍼지게 되고, 미세한 부정적 생각에 먹이를 주다보면 결국 부정적 생각이 나를 삼키게 된다. 우리의 마음은 생각을 담는 기능만 있을 뿐, 생각을 만들어내는 기능은 없다. 내게 올라오는 생각은 어딘가에서 부터 들어온 것이다.

한강의 발원지는 태백의 검룡소라고 한다. 한강물은 거기서 출발한 것이다. 우리에게 하루에 생기고 사라지는 생각은 약 오만가지라고 하는데 그 발원지도 분명히 존재한다. 수많은 생각은 사멸이 되지만, 어떤 생각들은 내 마음에 들어와 착상이 되고 점점 영양분을 먹으며 확대되게 된다. 생각의 발원지를 쫓아가다 보면 내가 이 생각을 키워야 하는지 버려야 하는지 판단이 된다. 많은 사람들이 '내 생각은 나'라는 잘못된 생각을 가지고 있다. 반드시 발원지를 확인하여 악령이 넣어준 것이라고 생각되면 그 생각을 키우지 않아야 한다.

북미 인디언 체로키족의 노인이 손자에게 마음속의 갈등에 대하여 이런 이야기를 해주었다.

"우리 마음에는 못된 늑대와 착한 늑대가 싸움을 벌이고 있단
다."

손자가 물었다.

"할아버지! 어떤 늑대가 이겨요?"
"네가 먹이를 주는 늑대가 이긴단다."

긍정적인 생각을 키울 것인가? 부정적 생각을 키울 것인가?

여러분은 무엇을 선택하겠는가?

박재희

- 자기계발 작가
- 드라마 보조 작가

어릴 적 공부에 큰 뜻이 없어 일찍이 사업을 시작했
다. 20대 초반, 빠르게 돌아보게 된 많은 순간과 생
각들에 몰래 접어놨던 문학적 꿈을 점점 키워만 갔
다. 22살 드라마 보조 작가로 활동을 시작해 점차 넓
혀갔으며 앞으로의 미래가 더 유망한 젊은 작가다.

E-Mail   qkrwogml0202@naver.com

10장

박재희
Dream!ng

조금 서툴러도 괜찮아

....

　초등학교 1학년, 처음 학교에 입학했을 때 난 공부를 썩 잘하는 편이 아니었다. 엄마 손에 이끌려 피아노 학원에 다녔을 때에도, 남들과 같이 운동을 배워 봤을 때에도, 무엇이든 곧잘 잘하는 아이가 아니었다. 그런 아이가 어느덧 어른의 경계선으로 들어서려 하는 고등학교 생활의 졸업을 앞두고 있었고, 그 무렵 깊은 고민에 빠지게 되었다. 자신도 모르는 허망한 고민에 대한 답은 없었고, 나의 의지와는 상관없이 빠르게 사회로 나가야만 했다.

　그 날 이후로 하루도 빠짐없이 죽도록 일만했다. 할 줄 아는 게 그것밖에 없었기 때문이다. 아무것도 하지 않기엔 내가 너무 아무것도 안하는 것만 같아서, 남들보다 뒤처지는 것만 같아서 쳇바퀴처럼 돌고 돌았다. 그런 생활을 유지하며 2년이 채 안 된 시간을 흘러 보냈고, 집은 쉐어 하우스와 별반 다르지 않았다. 부모님도 2주에 한 번씩 얼굴을 마주하면 그리 아쉽지는 않았고, 그런 생활이 익숙해지던 나에게 이런 말을 자주 되새겼다.

　'괜찮아!'
　'아직 더 할 수 있어.'

'아무렇지도 않아!'

그러나 사실 그게 아니었나 보다. 몸에선 이상 신호를 보내왔고, 팔팔해야할 나의 20대 몸은 삐걱거리기 시작했다. 가벼운 위염으로 시작해 식도염으로 이어지고, 목 근처 혈관엔 커다란 혹이 생겼다. 밤마다 잠이 들 때면 어느 한 쪽 관절이 죄여와 앓는 소리를 내다가 지쳐서야 겨우 잠에 들었다. 거식증 증세도 나타나기 시작했는데, 다이어트가 아닌 잘못된 식습관 속에서도 거식증이 발생할 수 있다는 것을 그때 처음 알았다.

몸의 어느 부분이 아프든 말든 나는 바빴다. 열심히 몸을 혹사시켜가며 모은 돈으로 꽤나 괜찮은 기회가 찾아왔고, 그때마다 내 몸은 돌볼 새도 없이 앞만 보고 달리는 경주마처럼 그곳을 향해 뛰어들었다.

그렇게 정신없이 살아오던 와중, 의도치 않은 한 번의 쉼을 맞이하게 되었다. 그곳에서 꿈이라는 걸 찾게 되었는데, 글을 쓰는 것이었다. 아주 터무니없고 어이없는 일이었다. 어릴 때 동화 한 편 제대로 읽지 않던 내가 글을 쓴다니... 모두들 의아해했다. 그리고 믿지 않았다. 다들 금세 지나갈 꿈이라고 여겼다.

자존심이 상한 나였지만 말 그대로 어떻게 해야 될지 모르던 그때, 가능한 많은 글 모임에 참여했다. 수많은 시놉시스와 대본들을 읽어가며 작법의 느낌을 익히고, 현장에 있는 선배들을 만나가며 나의 부족한 점을 아낌없이 드러냈다. 그들의 조언이 실망스럽지 않게, 내 글에 녹이는데 온 힘을 쏟아 부었다. 그렇게 반년도 안 되는 사이에 영화사 트리트먼트를 2편 완성했고, 대한민국 방송국 3곳 중 한 곳에 단막극 대본 2개를 제출했다. 내가 가진 생각들을 작법에 맞게 집필하려 노력하여 비공식적으로 영화 2편, 단편 영화 3편, 드라마 3편, 서적 5편을 보유하게 되었다. 그냥 흘러 보내는 시간이 스스로가 아까워, 하루하루 열심히 갱신 시키고 있는 중이다.

모든 것이 처음이었다. 20대에 맡게 된 사장이란 타이틀도, 23살에 도전하게 된 작가라는 직업도. 처음이라 어설프지만 그래서 무턱대고 덤벼들었다. 무섭고 두려웠지만 포기 할 수는 없었다. 남 눈치 잘 보는 내가 뻔뻔해져서라도 꼭 하고 싶고 이루고 싶은 일이었기 때문이다.

얼마 전, 고등학교 재학 중인 동생이 진로를 결정했다며 말을 건네 왔다. 너무나도 어색하게 들리는 '철도 운전사'라는 직업이었다. 많이 낯선 직업에 동생에게 되물었다.

"왜 철도 운전사가 되고 싶어?"

동생은 대답했다.

"안정적인 직업이야. 연봉도 높고, 출퇴근 시간도 정해져있어서 나머지 시간엔 가정에 할애할 수 있어."

　동생의 그런 믿음직한 말을 들으면서도 조금 슬퍼졌다. 우리 집
은 그리 아늑한 편이 아니었다. 한 살 터울인 언니는 그림을 그리
겠다며 부재중이고, 부모님은 두 분 다 사업을 하고 계신다. 아버
지의 사업은 시작한지 얼마 되지 않아 3년을 갓 넘은 상태였고,
그로인해 안정적인 상태는 아니었다. 10년이 다 되어가는 엄마의
사업은 그것 나름대로 버티고 있을 쯤이었다. 그런 집안의 모습을
보며 5살 어린 동생은 얼마나 불안했을까. 언제고 길거리에 나앉
을 것만 같은 느낌이라도 들었던 걸까. 나를 비롯한 못난 누나 두
명 때문에 동생이 진로를 그렇게 결정한 게 아닐까 싶어 슬픔을
감추지 못했다. 그러나 동생은 자신의 수능 등급도 알아보고 경기
도 근처에 자리한 대학도 알아봐 가며 꽤나 열심히 미래를 설계하
고 있었다. 더 이상 나의 불안함을 동생에게 떠들지 않기로 했다.
나의 불안함을 듣지 않아도 수많은 자신의 불안함 속에서 선택한
결정일 테니..

　새로움을 맞닥뜨린다는 건 언제나 그렇다. 나도 처음 가보는 세
상, 옆에서 포기 시킬 수 없을뿐더러 그 말을 들을 필요는 더욱 없
는 것이다. 어떤 이들이 나에게 물었다.

　"너 정말 그걸로 먹고 살 수 있을 것 같아?! 꿈은 꿈이야, 현실
을 살아야지!"

"몰라! 나도 처음 가보는 길이야, 모르는 게 당연하잖아! 나도 이제부터 해볼 거야! 성공하든 실패하던 그때 가서 말해줄게!! 그리고, 이거 실패한다고 내 인생 안 끝나!!"

한 번을 친한 친구가 나에게 이런 문자를 보내왔다. 음악을 하던 친구였는데 그 문자를 받고 놀랄 수밖에 없었다.

"글도 안 써지고, 음악도 하나도 못하겠어. 나는 아무것도 못 하는 상태야. 그렇다고 돈 벌 생각이 있는 것도 아니고, 그냥 아무 생각이 없어. 놀고 싶기도 하고 기분 좀 풀고 싶기도 한데… 아니야, 그냥 그것도 아닌 것 같아…"

내가 놀란 건 나 역시 그 상태를 느껴봤기 때문이다. 그 감정을 겪던 나는 내가 미친 건 줄만 알았다. 어느 것도 선택하지 못하고 머릿속은 불안한데도 불안해서 방황하는 그 느낌을 받아들이지 못했다.

나만이 겪은 특별한 감정인 줄 알았던 그 감정은 어쩌면 20대, 또는 새로움에 부딪히는 많은 사람들이 겪는 감정이 아닐까 싶었다. 급히 친구에게 이렇게 답장을 보냈다.

"그럴 때가 있어, 나도 그런 적이 있었거든. 엄청 짜증이 났어. 진짜 뭘 해야 하나, 뭘 할 수 있긴 하나, 내가 뭘 해서 뭐가 되려

나, 그냥 죽어버리고 싶다...

　네가 조금 지쳐서 그래. 잠시만 쉬고, 혼자 생각하지 말고. 그냥
시간 가는 데로 본능 옮기는 대로 밥 먹고 싶으면 밥 먹고, 노래방
가고 싶으면 가고, 영화 보고 싶으면 보고, 조금 울적하면 친구들
불러서 찡찡대고... 우리 조금만 쉬었다 가자. 너무 서두르지 않아
도 돼."

　그날 친구에게선 답장이 오지 않았다. 답장을 받은 건 그로부터
3일이 지나서였다. 나와의 문자를 끝으로 핸드폰의 전원을 껐다
한다. 그리곤 집에 가만히 누워 아무 것도 하지 않았다 한다. 다시
만난 친구의 얼굴은 썩 나빠 보이지 않았다.

　우리는 모두 어설프다. 내일은 또 어떤 일이 일어나게 될지 모
르고, 어떤 선택을 하게 될지 모른다. 그 한 번의 선택은 무슨 바
람이 불어와 이제까지와 다를지 모르고, 그 결과로 인해 내가 어
떤 길에 서게 될지는 이젠 감도 잡을 수 없다.
　그래서 우리는 괜찮다 말해주고 싶다. 모두가 처음 겪는 인생,
한 번 뿐인 하루이니. 우리는 모두 조금, 서툴러도 괜찮다.

10장
-
박
재
희
-
D
r
e
a
m
!
n
g

구름 덩어리

나는 계획적이지 않는 사람 같다가도 철저히 계획적인 사람이
다. 남들에겐 관대하지만 스스로에겐 자로 잰 듯한 철저함을 바란
다. 그런 나에게는 인생의 버킷리스트가 아닌, 해 단위로 쪼개진
버킷리스트가 있다.

중학교 때부터 일기 쓰는 것을 좋아했다. 무슨 일이 있어서라기
보다는 그냥 머리가 좋지 않아 쓰면서 생각하는 걸 좋아했다. 그러
다 한 번은 문득 그 날의 년도를 크게 적어보았다. 이미 반이나 지
나버린 해였지만, 남은 반년 동안 하고 싶은 일들을 적어 내렸다.

갓 스무 살이 된 해였다. 막연한 해외여행에서부터 운전면허 따
기, 해금 배우기, 그때 한창 관심을 갖고 있던 투자 방법 배우기
등 이것저것 쓰다 보니 점차 카테고리 조차 좁혀지지 않는 이상한
페이지가 되어 갔다.

2017년도엔 이런 게 있었다. 그동안 배워온 투자 방법에 대해
시험을 해 볼 기회가 찾아온 것이다. 곧장 인터넷에 접속해 재무

관리사 시험을 신청했다. 얼마 지나지 않아 응시한 시험에서 나는 가벼운 발걸음으로 나올 수 있었다. 물론 시험은 떨어졌다. 그럼에도 내가 가벼운 마음이 들 수 있었던 건 정해놓은 목표의 기대치가 낮아서였기 때문이었다. 그 해의 내 목표는 시험에서 붙는 게 아니었다. 시험에 응시해 보는 것, 내가 하고 싶은 것에 열심히 하고 그 결과를 받아보는 것 단지 그게 그 해의 목표였기에 목표를 이룬 나의 발걸음은 가볍고 상쾌했다.

여행을 좋아하는 나는 매년 버킷리스트에 여행가기를 넣었다. 아무리 바쁘고 지쳐도 한 번의 여행도 갈 수 없다면 잘 살고 있는 거라 판단할 수 없었기 때문이다. 그렇게 살 거 잠시 다 내려놓고 여행을 가는 게 맞다 여긴 것이다. 그 생각은 지금도 변함없다.

여행을 좋아하는 나에게는 커다란 취약점이 하나 있다. 영어를 너무너무 싫어한다는 것이다. 어릴 적 나에게 영어는 아주 크게 작용했다. 남의 나라의 언어를 모른다고 아빠에게 맞아가며 배웠는데 그걸 이해할 수 없었다. 어디의 아랍어는 배우라 안하면서 어느 나라의 하나일 뿐인 영어는 그렇게 강요하셔서 더욱 거북함이 들었다. 물론 사람과의 대화는 중요하고 시대의 흐름이 그렇게 맞춰져있으니 아빠의 어쩔 수 없는 마음을 이해하지 못한 것도 아니었다. 하지만 그렇다고 해서 그의 모든 마음을 헤아릴 수 있는 것도 아니었다. 그때의 혼란은 지금까지의 나에게도 거부감을 남겼다. 그래서 일본을 갈 땐 일본어를, 태국을 갈 땐 간단한 태국어를 공부했다. 영어를 배우려 하지 않았다. 태국어는 너무 간단하게 훑고 간 정도라 벌써 다 잊어버렸지만, 일본어는 일상생활 가능할 정도론 기억하고 있다.

2017년엔 유럽 여행을 계획했다. 혼자 떠나는 여행이었는데, 독일에서부터 이탈리아를 살짝 지나쳐 크로아티아까지 가는 장작 3개월의 짧지 않은 여정이었다. 그러다보니 총 14곳을 지나치게 되는데 그중 절반 이상의 국가에서 독일어를 사용한다는 것을 알았다. 그래서 그 해의 내 버킷리스트엔 독일어 배우기가 있었다. 본격적으로 독일어를 배우기 시작할 무렵, IS의 테러 공포가 유럽 전역을 뒤덮기 시작했고, 유럽여행은 잠시 보류할 수밖에 없게 되었다. 여행이 보류되니 자연스레 언어 공부도 멈추게 되었다. 하지만 난 간단한 인사방법을 배운 독일어 정도로도 만족했다.

이렇게 늘 완벽하진 않아도 정해놓은 리스트대로 조금씩 노력해가며 다음 해에도, 또 다음 해에도 더 발전해 나갈 수 있었다. 그렇게 매번 기분 좋은 새로운 계획을 세웠고 이루려 노력하다보니 아무것도 안하고 지나간 해가 없을 정도로 열심히 살아왔던 거 같다. 지금 내가 이렇게 글을 쓰고 있는 것도 그 과정의 하나의 결과물이 아닐까 싶다.

여느 날보다 조금 선선한 여름 날, 친구가 이런 말을 했다.

"넌 얘가 너무 뜬금없어, 무슨 말을 해도 뜬 구름 같아."

친구의 말을 들으며 쓸쓸하게 웃었다. 인상 때문인지 옛날부터 그렇게 똑똑해 보인다는 소리는 들어보지 못했다. 어떻게 보면 너무 생각 없어 보인다는 말도 들으며 꾸중을 받았던 기억이 많다. 그런 면에서 알게 모르게 상처를 받고 있었나 보다. 문득 엄마가 자주 해주던 말이 떠올랐다.

"넌 얘가 너무 극단적이야, 급해! 뭔 말만 하면 Yes 아님 No야! 조금만 더 시간을 두고 생각을 해봐, 뭔 말만하면 다 결정이냐고!"

아무 말 할 수 없었다. 그 말대로 다소 극단적인 성향을 가지고 있기 때문이었다. 높은 지대의 바람이 강하게 불어오며 잔디를 깔고 앉아있던 우리에게로 풀내음이 올라왔다. 여름날의 날씨가 시원하게 느껴지며, 친구가 이어 말했다.

"그런데 너와 함께 있다 보면 꼭 그런 게 아니라는 걸 알게 돼. 나에겐 뜬금없는 말이지만 너는 이미 그것에 대해 많은 구상을 하고, 생각을 하고 있는 게 느껴져. 그런 구상과 생각은 그저 스쳐지나가며 하는 게 아니라는 걸 알아. 아주 구체화 되어있고 뚜렷해. 뜬구름인줄 알았는데 내가 그것만 보고 있을 동안에, 너는 내가 보지 못하는 곳에서 위로 올라갈 사다리를 설계하고 있어. 아

주 촘촘히 말이야. 그래서 난 네가 너무 좋아. 배우고 싶고 함께하
고 싶어."

친구의 과분한 고백에 어떠한 반응도 하지 못했다. 친구는 웃어
주었고, 다시 한 번 강한 바람이 불어오는 걸 느꼈다.
조금 더 신중 하라며 반복된 꾸짖음을 하던 엄마에게 나는 고민
의 답을 말했었다.

"엄마에겐 뜬금없이 들릴 수도 있는 말이지만 나는 아니야. 내
가 생각한 대로 다 말하는 것도 아니고, 이걸 말할까 말까부터 수
없이 고민하다 겨우 꺼내는 말들이야. 엄마에겐 생소한 한 순간일
수도 있지만 나에겐 수년이야. 엄마가 오늘 알았다 해서 내 지난
고민과 시간이 사라지는 게 아니라고! 나의 생각과 시간을 존중해
줘!"

잔뜩 토라진 마음에 울분에 차 내뱉던 말들이 되려 엄마에게 상
처를 주었을지도 모른다. 그러나 그제야 정리된 나의 입장에 스스
로 내 편이 되어주기로 했다.

그 날 저녁, 친구가 나에게 해준 고백은 여름날의 향기가 되었
다. 매해 나날이 지나도 여름날의 바람 부는 저녁이면 그 자리, 그
친구의 목소리, 높았던 하늘, 간혹 보이던 별들까지 불어오는 바

람의 소리를 기억한다.

누군가가 듣기에 나의 목표가 대단치 않아도 된다. 모두의 목표가 SKY에 입학하기, 대기업에 입사하기, 부자 되기가 아니어도 된다. 누군가의 허락을 받을 필요도 없다. 이루지 못할 거라 그들이 기만해도 상관없다.

스스로의 구름을 설계해라. 누군가가 알아차릴 필요도 없이, 오로지 자신만을 위해. 자신이 기억하면 된다. 스스로가 행복해지는 방법을.

스스로가 행복해지는 방법, 그게 버킷리스트다!

낯설고도 친밀한

편지 쓰는 것을 굉장히 좋아한다. 어디 여행을 가서도, 집 앞의 카페에 가서도 여전히 누군가에게 편지를 쓴다. 가끔은 냅킨에 적어 가방에 몰래 넣어 놓기도 하고, 또 가끔은 컵홀더에 끄적거려 손에 쥐어 주기도 하고... 별 의미는 없는 그냥 나의 작은 이벤트 정도다.

내가 편지를 좋아하는 것엔 시대의 흐름도 없지 않다. 누군가가 보내오는 편지가 군대에 있지 않고서야 흔치 않게 돼버린 지금, 받는 사람 입장에선 색다른 추억이 될 것이기 때문이다. 자신의 이름으로 와 있는 익숙지 않은 편지, 그 안에 담겨있는 익숙한 친구의 이름, 자신의 상황을 이해해주는 글귀, 잘하고 있다 위로 받는 듯한 기분. 낯설게 잡아보는 편지지 위의 볼펜과 우표를 사 붙여 보는 색다름. 친하지만 모르고 있던 친구의 집 주소까지. 모든 것이 행복한 설렘이 된다.

처음 편지를 쓰기 시작한건 스스로를 위해서였다. 마음이 복잡해 잠시 여행을 가 있을 적, 문득 종이에 편지를 썼다.

'나에게'로 시작되는 굉장히 낯설고도 이상한 편지였다. 지금의 내 상황을 적고, 여행 온 곳의 경치를 적고, 그때 먹은 밥부터 다소 쌀쌀한 날씨 이야기까지. 적어 놓고 나니 도통 이해할 수 없는 한 장이 되었다. 그래도 곧장 우체국으로 달려갔다. 번호표를 뽑고 어떻게 해야 될지 몰라 두리번거리는 나를 누군가가 도와줬다. 겨우 편지 하나 붙이는데 30분이라는 시간이 넘게 걸렸다. 그날 우체국도 처음 방문해 본 것이었다.

편지를 보내놓고 나니 아무생각이 나지 않았다. 순식간에 내가 뭘 한 거지 싶기도 했고, 조금 창피하기도 했다. 이래봐야 뭐가 나아질까 싶은 마음도 들었다. 그런 마음으로 집에 돌아왔을 때 나보다 먼저 자리하고 있던 그 편지는 전혀 하찮지 않았다. 몇 자 안 되는 말이었지만, 분명 내가 쓴 특별할 것 없는 말이었지만 마치 다른 사람이 적어준 말처럼 굉장히 낯설게 느껴졌다.

그때부터 편지라는 글의 힘을 알게 된 것 같다. 내가 나에게, 며칠 전의 내가 지금의 나에게. 굉장히 낯설지만 무척이나 가까운 좋은 친구를 얻은 기분이었다.

언젠가 허지웅 작가의 '친애하는 적'이라는 북 토크쇼에 참관한 적이 있다. 글을 쓰겠다는 마음을 먹은 지 얼마 안됐을 적에 봤던 토크쇼는 꼭 참가하고 싶은 기회라 마음을 들게 만들었다.

신청서에는 몇 가지 질문이 있었다. 그 중 '자신의 친애하는 적'은 누구인가는 질문이 있었는데 그 질문을 보고 한참동안 생각에 잠겼다. '친애하다'와 '적'이라니. 얼마나 안 어울리는 단어인가… 그러나 문득 머릿속을 스쳐지나간 사람이 있었고, 그 이름을 빠르게 적었다.

"나예요."

적어 놓고도 참 이상했다. 답을 적고 나서야 그 이유를 생각해 보기 시작했다.

'왜 나지? 왜 내가 적이지?'

그런데 생각을 마치고 나니 이만한 인물도 없었다. 이유를 적어 내려갔다.

"하루에도 몇 번씩 내 속을 긁어 놓으며 괴롭히지만, 또 다시 용기를 주는 것도 다시 일어날 힘을 주는 것도 결국엔 애예요."

스스로 떠올린 답변이 꽤나 만족스러웠다. 덕분에 작가님의 토크쇼에도 참관할 수 있었고, 색다른 생각도 해보게 되었다. 언젠가 꼭 나의 얘기를 다른 이에게 해주고 싶다는 생각도 했는데, 지금 생각해보면 아주 어려운 건데 그땐 왜 그렇게 쉽게 생각했는지 모르겠다.

나는 스스로에게 굉장히 못된 편이다. 하고 싶은 것도 많고 욕심도 많아 스스로를 괴롭히는 성격이다. 그런 주제에 또 자존감은 굉장히 낮아 자신을 사랑하는 방법도 잘 알지 못한다. 이런 나를 위해 해줄 수 있는 말은 딱히 없다. 그냥 이렇게 태어났으니 인정하고 버텨 달라 말해주고 싶다. 조금 바빠도, 조금 많이 피곤해도, 나는 이런 내가 좋고 사랑스럽다.

꿈을 향한 하루

....

어릴 적, 머리가 좋지 않아 자연스레 쓰면서 생각하는 습관을 가지게 되었고, 자그마한 머리엔 모두 정리 되지 않는 것들을 넓은 종이에 옮겨 적었다.

사람들은 자신만의 표현 방법을 가지고 있다. 음악을 통해 표현할 수도 있고, 그림을 그릴 수도 있고, 대화를 통해 풀어 나가는 수다라는 방법도 있을 수 있다. 나의 경우에는 글이 바로 그 표현 방법이었다.

무언가를 생각하고 적을 때면 마음이 편해진다. 오로지 그 생각에만 집중할 수 있게 되고, 그로 인해 빠른 결과를 얻을 수 있게 된다. 그런 루트를 통해 나는 자연스럽게 생각을 말하는 글쓰기를 선택하게 된 것이다.

나는 복잡한 것을 싫어한다. 나이에 맞지 않게 조금 올드한 걸 좋아하고, 트렌드에 따라가지 못하는 경향도 있다. 조금 촌스러운 걸 좋아하고, 새로움 보단 편안함을 추구하고 있다는 걸, 20대 초반, 조금 이른 나이에 깨달았다.

내 꿈은 한적한 시골에 집을 짓고 글을 쓰며 사는 것이다. 언제부터 이런 꿈을 갖게 되었는지는 알 길이 없다. 그러나 지금도 가끔 머릿속으로 꿈꿔보곤 한다. 아침에 일어나고 싶을 때 일어나고, 무언가를 먹고 싶을 때 먹고, 글을 쓰고 싶을 때 쓰고, 친구들을 만나고 싶을 때 만나는 삶. 그저 그렇게 사는 삶이 어떤 호화스러운 삶보다 나에게 행복 가져다 줄 것이란 걸 안다.

주위에서 많이들 그런 소리를 한다. 나이도 어린데 왜 벌써부터 그런 생각을 하냐고. 그런 건 40이 넘어 천천히 해도 되는 거라 한다. 물론 그럴 수도 있고 지금 이걸 이룬다고 내가 바로 행복해지는 게 아닐 수도 있다. 하지만 적어도 지금의 나는 이걸 위해 노력해야 행복할 듯싶다.

나는 행복이라는 단어에 조금 집착한다. 처음엔 미래에 대한 이상적인 단어라 생각했는데, 어떤 설문조사를 접하면서 집착이라는 걸 알게 되었다.

"20년 후엔 무엇을 하고 있을 것 같나요?"
"행복할 것 같습니다."

"꿈이 있다면 무엇인가요?"
"시골에 내려가 집을 짓고 글을 쓰며 행복하게 살 겁니다."

50개의 질문 중에 20개의 답에 행복이라는 단어가 들어갔다.

조금이라도 꿈에 대한 거나, 미래 지향적인 질문이 나오면 행복이란 단어가 빠트릴 수 없었다. 그걸 보며 나도 생각했다. '미래의 행복을 위해 지금의 순간을 희생하고 있는 건 아닐까?' 한참을 생각하고 또 한참을 생각해 봤는데, 나에게 아주 못된 답이 나왔다.

'미래 지향적 행복이면 어때?! 그걸 위해 현재 노력하고, 덕분에 딴 생각할 틈도 없는데. 그래, 괜히 이상한 생각하는 것보다 미래에 투자하는 게 더 나아!'

그래서 여전히 나는 미래의 행복을 바라보며 달려가고 있다. 덕분에 생긴 취미 중 하나가 땅 보기가 되었다. 비록 지금 당장 살 돈과 저지를 용기는 없지만, 틈틈이 파악하며 옆에 머무는 게 좋을 거라 판단했다.

한번은 돈이 있다 해서 다 되는 게 아니란 걸 알았다. 부동산에 전화해보는 게 왜 그리 어려운지.. 땅을 사기 위해 전화를 했다하니 나의 목소리에 나이부터 감별을 해댔다. 성숙하지 못한 내 목소리에 많은 걸 건너뛰고 대뜸 물은 질문은 이것이었다.

"돈은 있어요?"

적지 않은 부동산에 전화해 봤지만 이런 경우는 또 처음이었다. 적어도 돌려 말하는 걸 바랬지, 이렇게 대답이 돌아오리라곤 상상도 못했다. 나는 괜한 두려움에 전화를 끊어버렸다.

'내가 내 돈 가지고 원하는 걸 하겠다는데 왜 이런 취급을 받아야 하지?'

억울했다. 그 이후로 전화하는 건 꺼려져 우선 문서로만 찾아보게 되었다. 돈이 있고 없고를 떠나 굉장히 신선한 충격이었다.

그럼에서도 땅을 보며 미래를 꿈꾸는 건 멈출 수 없었다. 어쩌면 망상일 수도 있고 허황된 목표일 수도 있지만, 몇 년 지나지 않아 그곳에 있을 나를 상상하며 지내는 게 아주 행복하기 때문이다.

그런 상상을 하다보면 이 모든 걸 위해 내가 무엇을 해야 될까라는 고민도 자연스럽게 따라오게 된다. 내가 지금 무엇을 해야 내 목표에 좀 더 가까워질 수 있을까?

우선 땅을 살 수 있는 돈을 모아야 한다. 내가 사업을 하거나 일을 하는 이유도 그런 목표에서 나오는 원동력이라 볼 수 있다. 또 꾸준히 땅의 상태나 흐름 등을 파악하면서 눈에 익혀두는 것도 좋다.

이미 성인이 된 지금, 내 마음대로 해도 되지만 언제나 딸을 걱정하는 부모님께 믿음을 주는 것도 중요하고, 내가 좋아하는 글을 꾸준히 쓰고 있는 것도 소중하다. 그런 면에서 나는 나와 참 잘 맞는 직업을 선택했다 싶기도 하다. 꼭 도심가에 붙어있지 않아도 되는 직업. 내가 이 직업을 좋아하는 그 수많은 이유들 중 하나일 거라 생각 든다.

그저 내가 원하는 곳에서 특별할 거 없이 평온하게 살고 싶다. 그걸 위해 열심히 노력하고 설계하며, 원동력 있게 바쁘게 산다. 지금 바쁘게 보내는 하루하루가 내가 바라는 그 날에 한 걸음 한 걸음 다가가는 것이라 믿으며, 또 하루 빨리 그 날이 나에게 선물처럼 찾아오기를 바라며 말이다. 그렇게 쌓인 하루가 내 노력에 증거이자, 내 포부에 대한 진심인 것이다.

10장
—
박
재
희
—
D
r
e
a
m
!
n
g

한주서가에서는 다양한 장르의 글쟁이들을 모집합니다.

자기계발, 인문, 전문서적 등 자신의 책을 써서 출간하고 싶은 분
아이 같은 순수한 마음으로 동화를 써서 출간하고 싶은 분
팩트 체크와 사회적 이슈를 전하고 싶은 기자가 되고 싶은 분
글과 함께 강사로 활동하고 싶은 분
드라마, 영화 시나리오 작가가 되고 싶은 분

이런 분들은 국내 유일 글쓰기 브랜드 '한주서가'에서 글로 선한
영향력을 행사하시기 바랍니다!

또한, 사회 각층의 핍박을 받거나 소외된 이들의 인권을 위한 내
용을 책에 담아 알리고자 하시는 분이 있다면 주저 말고 '한주서가'
에 문의주시기 바랍니다.

E-Mail   writerplanner@naver.com
Blog   http://blog.naver.com/saria129
한주서가 http://hanjubook.modoo.at